FABIANE RODRIGUES FERNANDES

I0412913

Design de Informação

base para a disciplina no curso de Design

Edição 2015

Ficha Catalográfica

F363d   FERNANDES, Fabiane R.
         Design de Informação: base para a disciplina no curso de
Design / Fabiane Rodrigues Fernandes - 2ª Ed. - Rio Claro: FRF
Produções, 2015.

         124 p.; 15,24x22,86 cm

         il. inclui bibliografia

         ISBN: 978-1-5025-3312-8

         1. Design de Interface   2. Design de Informação   3.
Comunicação Visual I. Fabiane Rodrigues Fernandes II. Título

                                                    CDD: 620.82

Título: Design de Informação: base para a disciplina no curso de Design

Edição: 2ª   [1ª Edição, Munique: GRIN, 16 maio de 2014]

Ano: 2015

Local: Rio Claro

ISBN-13: 978-1-5025-3312-8

ISBN-10: 150253312X

Publicação: FRF Produções

Marca de registro: CreateSpace (impresso nos Estados Unidos da América)

Obra registrada na Fundação Biblioteca Nacional

Sobre a autora: Doutorado (em andamento) em Design com ênfase em Ergonomia pela FAAC – UNESP/Bauru (2017). Mestre em Design com ênfase em Ergonomia pela FAAC - UNESP/Bauru (2013). Especialização em Gestão de Projetos pela FARC (2010). Possui graduação em Design com ênfase em Projeto de Produto pela Universidade Federal do Maranhão (2005). Professor Adjunto I da Faculdade de Administração e Artes de Limeira (SP), no curso de Design. Tem experiência na área do Design Ergonômico e da Interface Humano-Tecnologia, com ênfase em: *Web Design, Ergonomic Design, User Experience (UX) & Usability*, onde também atuou na prática com projetos como: Simulador Virtual dos Painéis das Lavadoras da Brastemp e Consul e Desenvolvimento de diversos *websites*.

About the author: *Doctorate (PhD in progress) in Design with focus on Ergonomic at the FAAC - UNESP (2017). Master of Sciency in Design with focus on Ergonomic at the FAAC - UNESP (2013). Master of Business Administration in Project Management at the FARC (2010). Bachelor in Design with focus on Product Design at the Federal University of Maranhão (2005). Professor (Adjunt I) at Limeira College of Administration and Arts – FAAL (SP), in Design's course. Experience in the Ergonomic Design and Human-Technology Interface, with emphasis in: Web Design, Ergonomic Design, Usability & UX (User Experience), where she also served in practice with projects like: Simulator Virtual Panels of Washers Brastemp and Consul Development and various websites.*

Resumo

Este livro pretende ser uma contribuição para a disciplina de Design de Informação, servindo como bibliografia básica, abordando tanto os conceitos importantes, como também, apresentando algumas atividades práticas.

A ideia de criação deste livro surgiu quando fui convidada a lecionar a Disciplina de Design de Informação para o curso de Design Gráfico da FAAL, no primeiro semestre de 2014. Ao definir o plano de ensino, percebi o quanto seria interessante ter um livro que abordasse os conceitos necessários para o entendimento desse assunto e, também, definisse atividades que permitissem que os alunos praticassem os conceitos aprendidos.

A disciplina Design de Informação, na FAAL, é uma entre as disciplinas de projetos que os alunos de Design Gráfico têm ao longo do curso, de quatro anos. Por isso, se divide em dois blocos: no primeiro bimestre é apresentando todo o conteúdo teórico, juntamente com as atividades práticas que reforçam o aprendizado e, então, no segundo bimestre eles desenvolvem um projeto de interface do usuário, reunindo o conhecimento adquirido ao longo primeiro bimestre.

Espero que seja uma contribuição útil para professores e alunos.

Palavras-chave: Design, Informação, projetos, Comunicação.

Abstract

This book is a contribution to the discipline of Information Design, as basic bibliography, covering both the important concepts as well as presents some practices.

The idea of writing this book came when I was invited to teach the discipline of Information Design for the Graphic Design course of FAAL, in the first half of the year 2014. By setting the syllabus, I realized how important it is have a book that cover the necessary concepts for understanding the subject and also define activities that allow students to practice the learned concepts.

This discipline in FAAL is one of several practice disciplines that students of Graphic Design have during the course. So, is divided into two blocks: the first two months presents the entire theoretical content, along with practical activities that reinforce learning and then, in the second months they develop a UI design, bringing together the knowledge acquired throughout the first two months.

I hope it is a useful contribution to teachers and students.

Keywords: *Design , Information, projects , communication*

Lista de Figuras

Sumário

A história da Informação

No livro *Information Design Workbook* [1] o autor *Kim Baer* apresenta uma frase de Brenda Dervin, Professora de Comunicação de *Ohio State University*: "Não há nada natural na informação, independente do que seja: dados, conhecimentos, fatos, música, histórias ou metáforas – a informação sempre precisará ser projetada" (tradução própria).

Por isso, a disciplina começa com um documentário da BBC, de 2012, cujo título é "Ordem e Desordem: a história da informação" (Episódio 02) e foi elaborado por *Jim Al-Khalili*, professor de física da Universidade de Surrey (Inglaterra). O documentário apresenta vários cientistas que ao longo da história descobriram formas de criar e armazenar informações, ou seja, pessoas que fizeram parte da história da informação. O documentário também aborda a questão de que a informação não é algo abstrato como o pensamento, passa a existir no momento em que os dados são apresentados em um suporte. E que desde sempre o ser humano sente a necessidade de se comunicar. Apresenta os primeiros suportes feitos pelo homem na tentativa de se comunicar e perpetuar a informação. O documentário permite, também, outro olhar: a aquisição de conhecimento. Ocorre ao assimilar e interpretar uma informação, criando pontes com informações e conhecimentos prévios, formando um novo saber. Quando buscamos informação, ou seja, compreender (entender) as coisas que nos cercam, como elas funcionam, abre-se uma porta para a inovação, e assim, é possível criar "ordem" no universo. Algo que parecia desordenado (sem sentido), através da informação - do entendimento dos seus significados - cria-se ordem (sentido). E, ao fazer sentido, dar-se margem para ir além, criar algo novo.

O Design de Informação é importante no projeto de uma peça gráfica, ou de qualquer artefato que passe informação as pessoas. Elas precisam ser projetas de forma a fazer sentido (ordem) aos leitores e usuários da interface ou de artefato[1] produzidos por designers.

O que é Design de Informação

Para compreendermos o conceito de Design de informação é preciso entender e diferenciar Informação de Comunicação. Muitas vezes, esses dois termos causam confusão e muitas pessoas sentem dificuldades em definir e separar os dois conceitos. Por isso, começaremos abordando os dois assuntos: Informação x Comunicação. Por que, compreender essa diferença permite, também, a compreensão de outros conceitos que serão abordados: Comunicação Visual, Infográficos, Experiência do Usuário, Usabilidade, Arquitetura de Informação.

O Design de Informação é o projeto da informação, ou seja, a transformação de dados complexos, desestruturados e desorganizados em informação de valor e significado [46]. O papel do designer de artefatos informacionais é criar ordem (sentido) na desordem (sem sentido).

> O homem é um ser que fala; é um ser que trabalha e se organiza; pelo trabalho transforma a natureza e a si mesmo, ao criar novos

---

[1] Artefato: objeto feito ou modificado pelo homem.

instrumentos ou artefatos, isto é, tecnologias. Para completar, devemos enfatizar, ainda, que a ação humana é uma ação coletiva, na qual o trabalho é executado como uma tarefa social e a palavra toma sentido pelo diálogo, pelas interações. Todas as diferenças no comportamento modelado existentes em uma sociedade são resultados da maneira pela qual os homens organizam as relações entre si, possibilitando o estabelecimento de valores e de regras de condutas que guiarão a construção da vida sociocultural, organizacional, econômica e política [2].

Informação & Comunicação

"Não há informação fora de um sistema qualquer de sinais e fora de um veículo ou meio apto a transmitir esses sinais" [3]. Por isso, o segundo estudo da disciplina de Design de Informação é Informação, Comunicação e Linguagem.

Informação

Para um bebê que ainda não aprendeu a ler e escrever, as letras não formam palavras, ou seja, são símbolos disposto lado a lado mais que não fazem nenhum sentido para eles. Não é diferente de uma pessoa leiga, que não seja da área de Física, por exemplo, que acha difícil o conteúdo dessa matéria, mas quando se dedica a compreender e aprende sobre o assunto passa a achar a informação fácil, porque passa a lhe fazer algum sentido (Figura 01).

Figura 01: projetando a informação para criar sentido (significado).

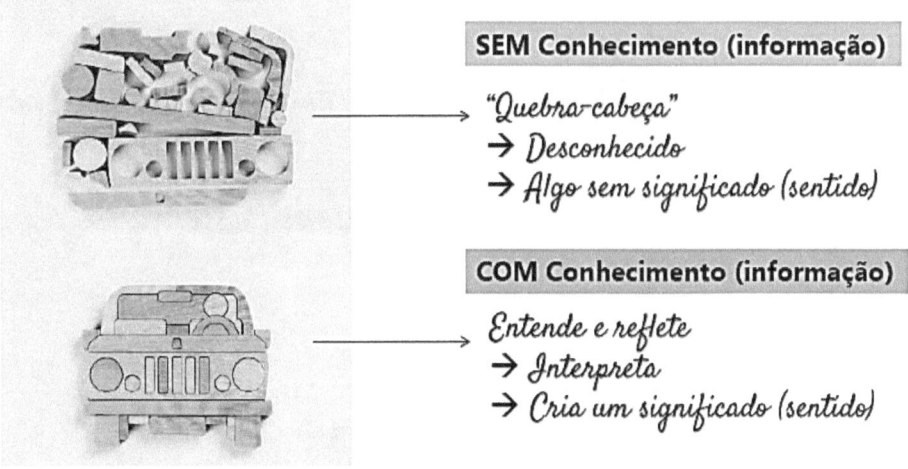

Fonte: DX.com (http://www.dx.com). Montagem feita pelo próprio autor.

Informação é algo imprescindível na obtenção de conhecimento, porque através das informações é possível analisá-las, sintetizá-las e criar significados, adquirindo conhecimento que permite gerar maior qualidade nas análises e poder de decisão. Mas, o que é informação? São conjuntos de dados, processados, manipulados e organizados com um objetivo a ser transmitido. Então, um emissor com uma intenção muito clara, "projeta" em um suporte os elementos (dados) para que possa transmitir sua mensagem. Essa informação pode ser diferentes tipos de dados: notícias (meios de comunicação), fatos (relatos de alguém), ideias, códigos (informações em placas das máquinas de tear, informações binárias compreendidas pelos computadores), opinião. Então, a informação não é algo abstrato, ela precisa de três elementos para existir: do emissor (com uma intenção), do código (sistema de sinais, a linguagem) e um meio (o suporte ou canal) que permite que a informação exista (figura 02).

Figura 02: os três elementos do processo da Informação.

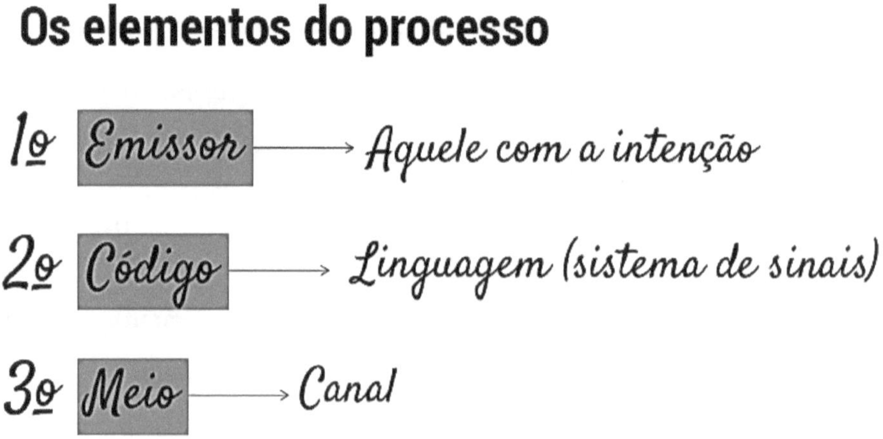

Os elementos do processo

1º **Emissor** ⟶ *Aquele com a intenção*

2º **Código** ⟶ *Linguagem (sistema de sinais)*

3º **Meio** ⟶ *Canal*

Fonte: montagem feita pelo próprio autor.

Mas, a informação pode existir sem a comunicação? Sim, a informação pode existir e nunca ser comunicada. Uma pintura antiga, contendo dados (informações), pode existir em uma caverna, em um lugar remoto e ainda não ter sido lida ou interpretada por ninguém, até hoje e, isso, não significa que a informação não esteja lá, que ela não exista, mas, é possível que nunca seja interpretada. Essa é a grande diferença entre informação e comunicação: a primeira só precisa de um emissor, dados e um canal (suporte), para que exista. Já a segunda, precisa de um receptor que a interprete para existir.

Comunicação

Então, o que é comunicação? É a transmissão de informação entre um emissor (intenção) e um receptor que interpreta e cria significados. Por isso, para existir comunicação são necessários quatro elementos: emissor, os dados, o canal e o receptor (figura 03).

Figura 03: os três elementos do processo da Comunicação.

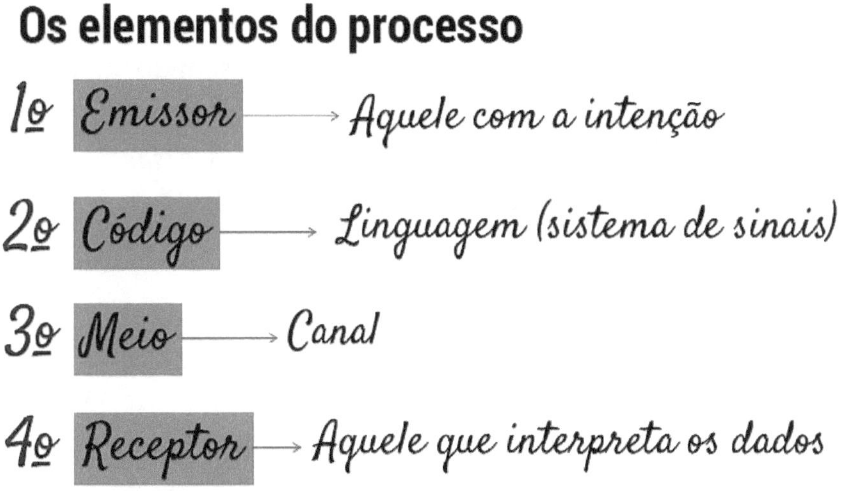

Os elementos do processo

1º *Emissor* → *Aquele com a intenção*

2º *Código* → *Linguagem (sistema de sinais)*

3º *Meio* → *Canal*

4º *Receptor* → *Aquele que interpreta os dados*

Fonte: montagem feita pelo próprio autor.

É fácil confundir informação e comunicação, porque em certos momentos eles se misturam, principalmente por causa do meio (canal/suporte). Quando uma pessoa fala com outra, em uma conversa por meio da fala, ocorre ao mesmo tempo a construção da informação e a comunicação, porque o emissor também se torna o canal, ou seja, o suporte ou meio (sua voz) que permite que a linguagem falada (que são os dados) seja dita e, ao mesmo tempo interpreta pelo receptor (aquele que ouve a informação).

Para que um receptor consiga compreender e interpretar a informação ele precisa conhecer a linguagem, ou seja, o sistema de sinais usados para criar a informação. Porque se eu escrever ou falar algo em inglês e você não conhecer essa língua com certeza não conseguirá compreender a informação. A linguagem é primordial para informação. E, o designer precisa compreender como é composta a linguagem, ou seja, seus elementos e assim "projetar" a informação.

Linguagem

A linguagem (sistema de sinais), para fazer sentido, é formada por três aspectos (sintáticos, semânticos e pragmáticos) que não são trabalhados separadamente, mais são mais fáceis de serem estudados e aprendidos quando são separados.

Sintáticos

Os aspectos sintáticos estão relacionados à estrutura da linguagem, ou seja, como os signos são combinados (inter-relações entre as partes) para criar expressões que façam sentido ao receptor, conforme apresentado na figura 04, letras formam palavras e caracteres podem forma símbolos e se utilizados em um contexto criam significados para os receptores da informação.

Figura 04: estrutura da linguagem (aspecto sintático).

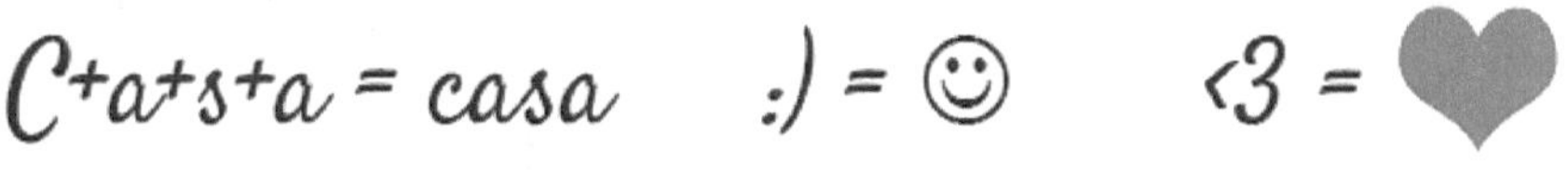

$$C + a + s + a = casa \qquad :) = \text{☺} \qquad <3 = \text{♥}$$

Fonte: montagem feita pelo próprio autor.

É preciso ter muito cuidado com a escolha dos elementos que irão compor a mensagem, porque, termos, símbolos e linguajares errados, sem contexto e intenção bem definidos podem não fazer sentido algum ao receptor, perdendo a objetividade (foco) da comunicação.

Semânticos

O aspecto semântico está ligado ao receptor, ou seja, relacionado à questão de significação. Como os elementos criam sentido ao receptor, como ele criar os significados. Sabe-se que fazemos associações do que vemos, lemos e observamos com o nosso repertório cultural e pressupostos. É condicionado pelas premissas de quem enxerga e de como se dá a situação do ato de ver [4], ler, ouvir. O aspecto semântico está ligado ao modo como a informação é percebida e interpretada pelo seu receptor. A figura 05 ilustra essa questão ao criar uma brincadeira usando a palavra "vendo" para o emissor com o sentido de "ver" e o receptor interpretando como "vender".

Figura 05: interpretação da linguagem (aspecto semântico).

Fonte: Mundo Texto [5].

A figura 06 ilustra outro fato: quando o receptor não compreende um termo (uma palavra) usado pelo emissor. Se ele não conhece não poderá criar significado, assim, a mensagem deixa de fazer sentido.

Figura 06: compreensão da linguagem (aspecto semântico).

Fonte: Leite [40].

Por isso, é preciso conhecer o contexto de uso e quem é o receptor da mensagem para que seja usada uma linguagem apropriada (Figura 07).

Figura 07: a linguagem do receptor (aspecto semântico).

Fonte: Santos [41]

As interpretações acerca de algo podem mudar com o tempo e com o contexto de uso. As atribuições de significados por diferentes usuários podem variar imensamente [4]. Por exemplo, o símbolo de uma carta para muitas pessoas pode representar apenas isso: carta. Mas, se essa imagem aparecer em um celular ou *tablet* irá significar não uma carta, mas sim, que você recebeu uma mensagem (figura 08) ou ainda um *e-mail* (associada também ao ícone do Gmail).

Figura 08: imagens e as diferentes interpretações (aspecto semântico).

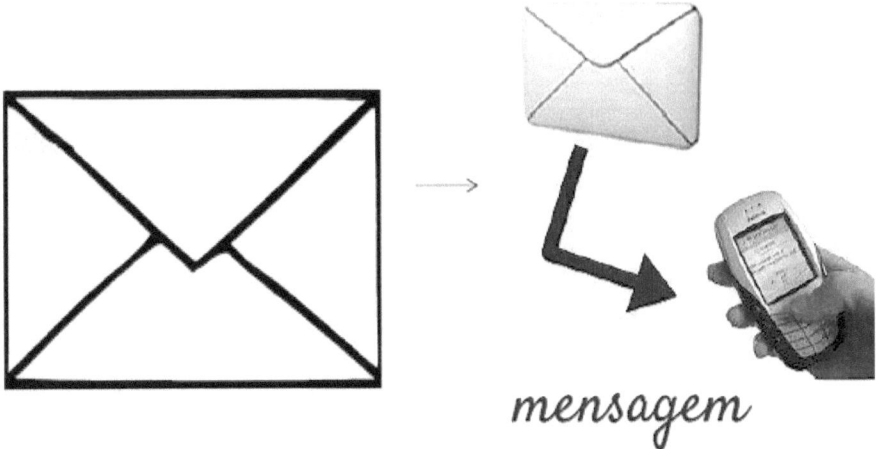

Fonte: Cultura Mix [42]; Sardinha [43].

Com o passar o tempo, para os usuários mais recentes, uma carta em um aparelho celular poderá não ter mais sentido algo, já que os símbolos (ícones) associados ao recebimento de uma mensagem agora é associado ao aplicativo que você utiliza (Figura 09).

Figura 09: Ícones do aplicativo *Whatsapp*® e *Hangout*®

Fonte: montagem feita pelo próprio autor

Pragmático

O aspecto pragmático está ligado a intenção do emissor da mensagem ao passar uma informação, ou seja, qual seria o objetivo da informação para quem comunica.

Mas uma vez faço uso de tirinhas para exemplificar essa questão, porque é fácil evidenciar as brincadeiras que o emissor da mensagem (o cartunista) quis apresentar ao criar a história. Na figura 10 um menino, tentando parecer gentil, oferece à senhora a oportunidade de saborear um delicioso caramelo, porém se irrita quando ela tenta pegar mais de um caramelo, deixando claro que a sua intenção foi usar "um" como artigo indefinido e não como numeral.

Figura 10: intenção x interpretação (pragmático)

Fonte: Abreu [44].

É difícil separa os aspectos da linguagem quando analisamos um artefato de comunicação. A intenção do emissor (pragmático) fará com que use elementos, crie uma estrutura (sintáticos) que permita uma interpretação (semântica) pelo receptor, que irá criar significados próprios de suas experiências e vivências. Quanto mais objetivo for o emissor mais chances têm de que o receptor interprete exatamente a mensagem como ele (o emissor) quis dizer.

Muito comum na comunicação, ver profissionais da área brincar com as interpretações de certas palavras ou imagens que possuem um significado real (sentido literal ou denotativo), sendo usadas em outros contextos (sentido figurado ou conotativo). A figura 10 é a propaganda de um medicamento para gripe que usa a palavra "casquinha" e a imagem de uma casquinha (tipo de sorvete) no sentido literal (denotativo), porém, ao ler o texto o emissor se refere a "casquinha" no sentido figurado (conotativo) de "não se aproveitar".

Figura 10: sentido figurado e sentido literal

Fonte: anossaescola [6].

Outro exemplo é a imagem abaixo (figura 11) no qual podemos perceber que uma imagem pode realmente dizer "mais que mil palavras". Nesse caso, uma manipulação na imagem foi feita para parecer que "o cérebro do rapaz atrofiou" de tanto ficar na frente da televisão. Dando um sentido literal a algo que tem um sentido figurado. O leitor da informação (receptor) faz claramente a leitura (interpretação) da informação e da intenção do emissor.

Figura 11: sentido literal e sentido figurado

Fonte: André Ramalho [7].

Antes de seguirmos com o próximo capítulo sobre Design e Design de Informação, uma proposta de atividade é sugerida para que o aluno reforce o conhecimento sobre informação, comunicação e linguagem.

Muitas vezes, temos uma intenção quando falamos de nós mesmos para outras pessoas. Apresentamo-nos como queremos ser vistos, porém, nem sempre a interpretação que as outras pessoas fazem de nós é exatamente como planejamos ser vistos.

Atividade 01

Tema: Colagem «Quem sou eu»

Procedimentos:

A proposta é que o aluno se descreva através de imagens: definindo seus gostos, estilos de vida, hábitos, sua personalidade, etc.

O aluno deverá trazer a atividade na aula seguinte e não deverá escrever seu nome em nenhum lugar do papel (folha A3) onde foi feita a colagem.

Ao chegar na sala de aula, semana seguinte, os alunos irão trocar as colagens com outros alunos, com os quais não haja aproximação entre si, ou seja, não podem ser grandes conhecidos.

Objetivo:

Verificar se um aluno consegue descrever o outro apenas com as informações da colagem. Também, se houve alguma divergência entre o que o dono da colagem (emissor) teve a intenção de passar com o que o receptor (quem está interpretando a informação) compreendeu.

Como funciona:

A pessoa faz a leitura da informação (colagem) e depois de lido o dono da colagem, ou seja, da informação, se apresenta e diz se algo foi interpretado diferente da sua intenção.

Design e Design de Informação

Para uma melhor compreensão do que seja Design de Informação é preciso compreender e conceituar o que seria Design, porque ao se entender o conceito básico do que seja o primeiro, todas as outras ramificações são facilmente compreendidas. Antes de ser designer de produto ou designer gráfico, há uma ligação entre ambos - a palavra Design.

Design

Design é o processo de resolução de problemas e necessidades das pessoas, cujo resultado (do Design) é sempre um artefato de uso [8, 9], mas porque não dizer, também, de comunicação, informação, signo [4]. Porque as pessoas fazem uso de produtos, ambientes, roupas, peças gráficas e interfaces gráficas, entre outros. E, todos os artefatos, frutos do Design, também comunicam, criando significados e, muitas vezes, expressam algo sobre seus proprietários, sugerem atitudes [4].

Então, independente da ramificação que o Design tenha – Design, de produto, Design de interiores, Design de Moda, Design Gráfico, Design da Informação, etc. – estará sempre preocupado com a finalidade e o contexto de uso. Porque o designer "projeta" artefatos feitos para as pessoas e compreender essas relações (artefato x pessoas) é muito importante.

Design, então, sempre estará ligado a três questões: artefato, finalidade de uso, relação com as pessoas. Qual a necessidade do usuário? Seus anseios e desejos? Qual a finalidade do artefato? Qual o contexto de uso? Isso explica porque o volante, o assento do carro, o painel, por exemplo, são projetos cujos designers são peças fundamentais da equipe de projeto, já o projeto do motor ou partes que vão dentro do capo do carro não há fundamental necessidade desse profissional, apenas terá se o motor for exposto, ou venha a ter uma relação mais direta com o usuário.

Todos os produtos, ou as partes desse, que tenham interação direta com o usuário é competência do designer, e aqueles produtos ou parte deles que não haja essa relação direta não necessita desse profissional envolvido. Isso explica porque o publicitário se preocupa em como influenciar o consumidor a comprar produtos e serviços dos seus clientes e o designer se preocupa em como comunicar de forma mais eficiente, clara e objetiva, sempre pensando no contexto de uso e no usuário do artefato.

Sabemos que produtos, interfaces, peças gráficas, etc., podem ser feitas por pessoas que não são da área (infelizmente), mas o resultado não será um processo de Design, porque não estará voltado para resolver as questões do usuário e sua relação com o artefato. Muitas vezes, estará preocupado apenas com a função prática (funcionar para aquela finalidade) sem ter certeza se é a melhor solução e se funciona de forma eficiente. "O designer deve colocar o problema do usuário no centro das atenções do projeto" [9, 10].

Design de Informação

O processo de Design de Informação tem como resultado, ou seja, o seu artefato será sempre um artefato informacional que se comunica com o usuário. Sendo assim, o designer de informação trabalha dados complexos, desorganizados e constrói uma informação que seja atraente, objetiva, clara, e de fácil entendimento para quem irá usá-la. Ele estuda a melhor forma de comunicar algo, de forma efetiva, com bom gosto e que faça sentido ao leitor/usuário.

O Design sempre acrescenta propósito e planejamento à criação. Por isso o designer de informação faz pesquisas, testa ideias e faz uso de ferramentas como texto, gráfico, cores, texturas, ilustrações para criar a Comunicação Visual. Design é um processo único de solução de problemas.

> Design de Informação é uma área do Design gráfico que objetiva equacionar os aspectos sintáticos, semânticos e pragmáticos que envolvem os sistemas de informação através da contextualização, planejamento, produção e interface gráfica da informação junto ao seu público alvo. Seu princípio básico é o de otimizar o processo de aquisição da informação efetivado nos sistemas de comunicação analógicos e digitais [11].

Comunicação Visual

Como já vimos, Comunicação é a transmissão de uma informação – dados processados, manipulados e organizados [3] inseridos em um meio (canal ou suporte) – entre um emissor, aquele que tem a intenção e envia a mensagem, para um receptor, aquele que interpreta e cria os significados. Então, o que seria comunicação visual?

Existe comunicação em uma imagem? A figura 12 apresenta uma paisagem e nela é possível observar um tornado. Alguns poderiam interpretar a informação desta imagem como um acontecimento ruim, perigoso, outros, porém, podem ver a beleza da natureza. Poderão existir muitos pontos de vistas e diversas informações podem ser extraídas de uma imagem.

Figura 12: imagem de um tornado.

Fonte: Tornado High Definition Wallpaper [12].

Fotografias, ilustrações, comunicam algo que pode estar aberta a várias interpretações, nem sempre igual às intenções de quem as fizeram. Por isso, comunicação visual pode ser considerada como um *mix* de símbolos e elementos (imagens, texto, cores e tons, ícones, texturas, ilustrações, ponto, forma, direção, movimento, escala, dimensão) usados para passar uma informação. Bruno Munari em seu livro "Design e Comunicação Visual" [13] fala sobre a Comunicação Visual e a divide em comunicação Visual Casual que seria aquela passível de diversas interpretações e olhares e, a Comunicação Visual Intencional (objetivo do designer) que seria aquela que tem uma intenção muito clara e objetiva fazendo com que o leitor (receptor) a compreenda facilmente.

Comunicação Visual Casual

Pense na seguinte cena: um rapaz está em um Campus Universitário, sentado abaixo de uma árvore, quando observa uma pessoa jogar um resto de sanduíche no chão, então resolve tirar uma foto do pedaço de sanduíche no chão. Essa foto terá certo significado para o rapaz que a tirou, porque ele irá lembrar-se do ato errado de quem jogou o lixo no chão. Para qualquer outra pessoa que não sabe da cena e que veja a foto poderá ficar confuso e não entender porque uma pessoa tiraria foto de um resto de lanche no chão.

A Comunicação Visual Casual é aquela que pode ser livremente interpretada, com diferentes significados, dependendo sempre de quem vê, ou seja, aberta a diferentes olhares e percepções. Fotografias, ilustrações, esculturas, enfim, muitas outras formas de arte, podem abordar esse tipo de comunicação, despreocupadas com seus interpretadores, os receptores da mensagem.

Comunicação Visual Intencional

A comunicação visual "projetada" por designers tem sempre o foco na objetivação. Na comunicação visual intencional os elementos são trabalhados de forma a criar um significado intencional, ou seja, passar uma informação de forma precisa (objetividade). Por isso, a comunicação visual intencional manipula e organiza os dados (imagens, ilustrações, textos, ícones, cores, texturas) para gerar uma comunicação clara, objetiva e eficiente, no qual a intenção do emissor será fácil e claramente compreendida e interpretada pelo receptor.

Lobach [9] em seu livro "Design Industrial" afirma que os artefatos frutos do Design podem ter três funções: prática, estética e simbólica. Para entender que ligação essas funções têm com a comunicação visual intencional é preciso, primeiramente, recordar o que seria cada função.

 A função prática atende ao objetivo básico e primordial para qual o artefato foi criado. Por exemplo, uma cadeira serve para sentar (de forma correta, confortável), se ela cumpriu esse papel, conseguiu atender a sua função prática. Uma informação escrita em um pedaço de papel que foi lida e compreendida por seu leitor cumpre sua função prática.

Já a função estética tem ligação com atração e beleza, aquilo que seria "agradável aos olhos". A função estética pode estabelecer a escolha de um produto no meio de tanto outros, ou ainda, definir a escolha quando dois produtos têm condições de lhe atender da mesma forma e, ambos, estão com preço acessível. Com a informação não é diferente, um bilhete de amor escrito em um pedaço de papel e a mesma informação trabalhada em forma de cartão, com canetas coloridas, pequenos corações, ilustrações, etc. Qual deles seria mais atrativo e agradável de ler?

Já a função simbólica vai além do que se considera bonito, essa função tem ligação com questões afetivas e emocionais, estão ligadas as associações que fazemos com experiências vividas ou, também, ligada a forma como queremos ser vistos. Tem uma conexão com as lembranças, sensações, status, entre outras coisas.

Após o esclarecimento das funções, fica mais fácil entender como funciona para a Comunicação Visual. Bruno Munari [13] dividiu a comunicação visual em prática e estética, mas veremos que a ela também pode ser simbólica, assim como os demais artefatos que são frutos do Design.

Comunicação Visual Prática

A comunicação visual prática, assim como a função prática descrita por Lobach [9] se preocupa com o básico e mais primordial da comunicação visual: fazer uso de texto, imagens, cores para passar uma informação intencional de forma mais tradicional. Caracterizada pelo alinhamento e simetria de texto e imagens, muitas vezes, com predominância de uma quantidade maior de texto. As imagens têm apenas um papel "ilustrativo", ou seja, ilustrar a informação passada através do texto.

A figura 13 apresenta uma reportagem da Revista *Movie*, edição n° 6, que fala do sucesso de uma brasileira em Hollywood. Muito comum ainda nas revistas o uso tradicional da comunicação visual, os rótulos, títulos das reportagens, com uma fonte grande, o texto com uma fonte bem menor e o uso de uma imagem usando o espaço de

02 colunas para "ilustrar" a informação textual que está dividida em três colunas. Faz uso de cores, porém de forma moderada para chamar atenção de algumas áreas (título e frase em destaque ao final da página). Muitas reportagens em revista ainda utilizam esse padrão, fazendo uso da comunicação visual prática, cujo foco da preocupação é na linguagem correta e cumprimento do objetivo que é informar o leitor sobre o mundo do cinema.

Figura 13: reportagem de uma revista – Comunicação visual prática.

UMA DE NÓS

**Há uma brasileira no alto comando da próxima invasão terrestre.
Os geeks do planeta se rendem a Morena Baccarin**

Assistir ao episódio inicial da nova série V, que estreia em abril pelo Warner Channel, é ver um pouco de *Guerra dos Mundos* (War of the Worlds, 2005) e *Independence Day* (1996) no formato para TV. A trama, refeita de um seriado dos anos 1980, conta a visita de extraterrestres ao nosso planeta. Mas, ao que parece, em V talvez nós, brasileiros, tenhamos uma chance maior de sobreviver. Afinal, a líder dos invasores do espaço é a sensual Anna, interpretada pela carioca Morena Baccarin, 30.

Não estranhe se você tiver dificuldades para perceber isso. Morena até nasceu no Rio de Janeiro, mas vive desde os 10 anos nos Estados Unidos, quando foi para lá com a família. Na série, a personagem Anna mescla uma sensualidade (latina?) aliada a uma incógnita de desconfiança por parte da população, que não sabe o verdadeiro objetivo dela e de seu povo. Na vida real, as metas de Morena são mais modestas.

Ainda desconhecida do grande público brasileiro, ela ganhou uma repentina fama com a estreia de V nos Estados Unidos, que aconteceu no fim de 2009. Passou a dar entrevistas e ser reconhecida nas ruas. Até o momento, o sucesso na carreira de Morena parece ligada ao gênero de ficção científica, ou sci-fi. Antes de V, a atriz já atuou em *Firefly* (2005), do mesmo gênero, que deu origem ao filme *Serenity* (2005). Somada à participação que a atriz já fez em *Stargate SG-1*, foi suficiente para que os geeks vissem nela o papel de nova musa da categoria.

MORENA EM AÇÃO na série V, que será exibida no Brasil pelo Warner Channel

A dramaturgia está no sangue: filha da atriz Vera Setta, que recentemente esteve no teatro participando de *Os Monólogos da Vagina*, começou a carreira em Nova York, em escolas de teatro. Não deslanchou, quando decidiu ir para Los Angeles. Pouco depois, já estava em *Firefly*.

O sucesso de Morena deve aumentar. V, que foi planejada com apenas quatro episódios, já ganhou uma continuação com mais oito capítulos. A atriz estaria sendo sondada para o papel principal de um filme sobre a Mulher Maravilha (ela não confirma nem desmente).

VISITANTES
Se você chegou a assistir V original, de 1984, esqueça qualquer comparação. A nova versão capricha nos efeitos especiais e quase faz esquecer que trata-se de um remake de uma série medíocre dos anos 1980. Já sabemos que os visitantes (daí o nome V) são, na verdade, predadores alienígenas em pele de humanos. Logo, o suspense fica por conta de como e quando será a revelação. Apesar dos seres do espaço, a invasão, ou visita, serve como pano de fundo para burocracias e políticas bem terráqueas.

Os quatro capítulos iniciais revelam o poder das relações públicas. Técnicas de RP comuns a um assessor, como preparação para entrevistas e gerenciamento de crise, são usadas. Há espaço para jogos políticos e brigas diplomáticas mescladas com cenas que lembram *Arquivo X*. Vale conferir.

Luís Joly

Desconhecida do público brasileiro, Morena ganhou fama repentina com a estreia de V nos Estados Unidos

Fonte: Revista Movie – 6ª Ed. [14].

Outro exemplo, do uso da comunicação visual prática é o folder do Programa Mais Educação da Secretaria de Educação do Governo do Estado do Acre (figura 14) que desenvolve a estrutura, dimensionamento e formato de forma muito tradicional. Imagens e texto ocupam o mesmo alinhamento: uma coluna para cada aba/dobra do folder, mantendo sempre uma simetria (linha central).

Figura 14: folder Mais Educação

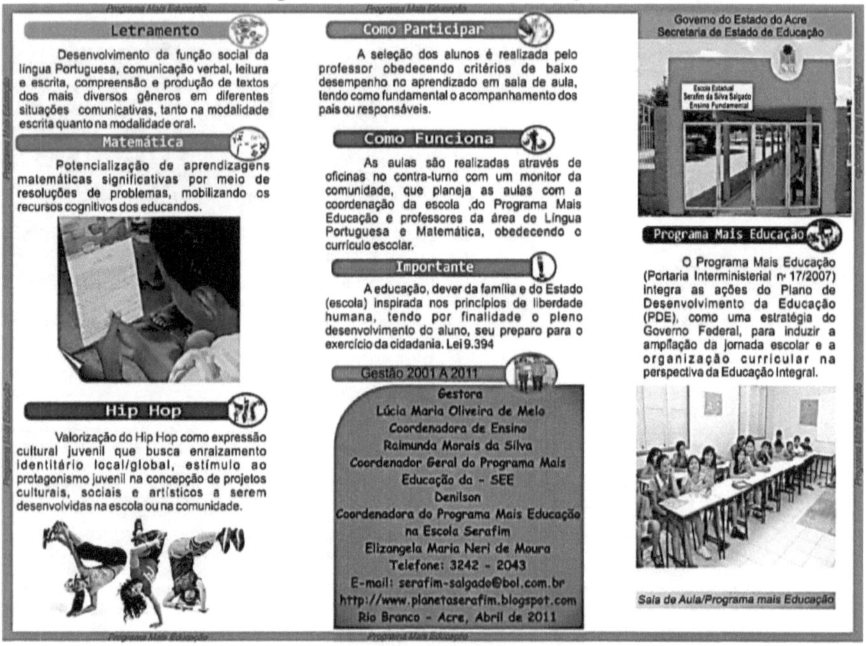

Fonte: Melo [15].

A figura 15 apresenta o folder da campanha de Amamentação do Ministério da Saúde do Governo Federal que incentiva a amamentação. Apesar de o folder trabalhar em duas áreas, capa e contracapa, com imagens bem manipuladas por programas de computação gráfica e de certa forma atrativas, chegando a ser quase uma comunicação visual estética, não são imagens de impacto, elas apenas ilustram a informação do texto. Outro detalhe é o alinhamento de toda a informação textual e da imagem do folder. Acrescentou-se ao folder original linhas verticais, como margens, para que fosse possível perceber que todo o texto e imagens ocupam a mesma coluna, o mesmo alinhamento e simetria.

Figura 15: folder da Campanha de Amamentação com *grids*.

Fonte: Bianca [16] (*grids* acrescentados pela autora).

Comunicação Visual Estética

A comunicação visual estética, assim como a função estética descrita por Lobach [9] se preocupa em prender a atenção, ser atrativo e "agradável aos olhos". As imagens não apenas ilustram, como também, são suporte do texto, tendo grande importância porque servem como destaque, um ponto focal do projeto. Cores são trabalhadas como destaque e segregação da informação e elementos como a configuração (disposição, layout, tipografias, etc.), acabamento, ilustrações têm grande importância no projeto.

A figura 16 mostra uma campanha do Portal da Educação na sua página do Google Plus, no qual é possível observar a comunicação

Figura 16: folder de Campanha do Portal Educação

Fonte: Portal da Educação [45].

Figura 17: folder de Campanha do Portal Educação com *grids*.

Fonte: Google Plus – Portal da Educação (2014) (*grids* acrescentados pela autora).

visual estética sendo trabalha. O folder da campanha contém uma imagem de destaque, que ocupa todo o folder, porém, basicamente, há predominância de um fundo branco nesta imagem e sua área de destaque é a moça com uma blusa no tom azul escuro e o livro que ela escolhe também no mesmo tom (sendo o destaque da imagem). É possível perceber pela figura 17 que a área de destaque da imagem ocupa $3^{1/2}$ colunas (vertical) e está alinhado à direita, não centralizado e, sim, assimétrico (intencionalmente). O mesmo ocorre com a informação textual, com a escolha de uma fonte agradável, de destaque, não tradicional cujo fundo é um círculo vermelho que ocupa duas colunas descentralizadas do *grid*. Toda a composição das cores, tipografia, formas e disposição, na cena, cria uma estética atraente e agradável.

Já a figura 18 apresenta um cartaz da empresa de publicidade MP Publicidade que fez uma campanha para a empresa Hortifruti baseado em temas de *Hollywood*. Esse é um bom exemplo de destaque. O cartaz apresenta uma grande imagem de um quiabo grande e verde, só que a imagem foi manipulada para que a verdura se parecesse com um sapato que contém um tridente na ponta do salto. É quase que um trocadilho entre "quiabo" e "diabo". Quem já assistiu ao filme "O Diabo veste Prada" entenderá a piada da campanha.

O primeiro nível de leitura do cartaz é a grande imagem do "quiabo sapato" e o título (rótulo) do cartaz "O quiabo veste Prada". Tanto a imagem quanto o título ocupam grande parte do espaço do cartaz. Na figura 19 é possível perceber, com o acréscimo dos *grids*, que ambos (imagem e título) ocupam, respectivamente, 04 colunas e 02 colunas de forma assimétrica (intencionalmente), ou seja, um invade o espaço (coluna) do outro.

Figura 18: cartaz da Campanha Hortifruti *Holywood*

www.hortifruti.com.br

ELE ENTROU
NO SELETO
MUNDO DA
HORTIFRUTI.

A HORTIFRUTI APRESENTA:

O
QUIABO
VESTE
PRADA

EM CARTAZ NA HORTIFRUTI MAIS PERTO DE VOCÊ.

RJ: | BARRA DA TIJUCA - BOTAFOGO - CABO FRIO - CAMPOS - DIAS DA ROCHA - FLAMENGO - GRAJAÚ - ICARAÍ - LEBLON - MACAÉ - MARQUÊS DE PARANÁ
PRADO JÚNIOR - REGIÃO OCEÂNICA - SIQUEIRA CAMPOS - TIJUCA - VILA ISABEL • **ES:** | CACHOEIRO - COLATINA - PRAIA DA COSTA - PRAIA DO SUÁ

Aqui a natureza é a estrela 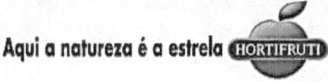 HORTIFRUTI

Fonte: MP Publicidade - Portfólio (www.mppublicidade.com.br/portifolio.html).

Figura 19: cartaz da Campanha Hortifruti *Holywood* com *grids*.

Fonte: MP Publicidade - Portfólio (*grids* acrescentado pela autora).

A figura 20 apresenta uma campanha de incentivo ao consumo de

Figura 20: cartaz da Campanha Beba Mais Líquidos.

Fonte: Cristofoli – Portfólio V8 Comunicação (www.v8.art.br).

Figura 21: cartaz da Campanha Beba Mais Líquidos com *grids*.

Fonte: Cristofoli – Portfólio V8 Comunicação (*grids* acrescentado pela autora).

mais líquidos, realizada pela empresa V8 Comunicações para a empresa Cristofoli. E mais uma vez, é possível perceber uma imagem de destaque sendo trabalhada juntamente com um título (rótulo) atrativo. Todas as fontes, cores da cena rementem a uma sensação de leveza e vida saudável.

Na figura 21, com os *grids* é possível observar a forma intencional no qual os elementos da cena foram trabalhados: A imagem de destaque possui um fundo desfocado e sua área de foco ocupa seis colunas de um total de oito colunas e encontra-se alinhada a esquerda. O título (rótulo) ocupa duas colunas de forma descentralizada, assimétrica, disposto do lado oposto à imagem. Já o texto destacado (abaixo) ocupa quatro colunas e se alinha a direita da cena.

E a imagem (figura 22) abaixo? Você acha que é comunicação visual prática ou estética? Faça o *grid* e analise os elementos.

Figura 22: propaganda da Faculdade Salesiana – No seu mundo.

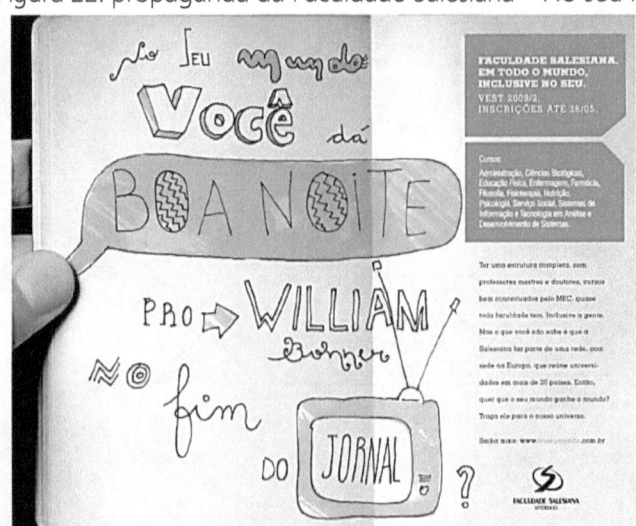

Fonte: MP Publicidade - Portfólio (www.mppublicidade.com.br/portifolio.html).

Lembre-se que poderá haver uma mistura de comunicação visual prática, estética e simbólica no mesmo artefato, desde que usadas com um propósito, pensando no usuário e contexto de uso. Não existe limitação, nem regra para saber quando optar por um, por outro, por todos. O importante é que a comunicação seja clara, objetiva e passada de forma eficiente.

Comunicação Visual Simbólica

A comunicação visual simbólica, assim como a função simbólica descrita por Lobach [9] está preocupada com as sensações, emoções e lembranças que pode causar no leitor. O valor afetivo é o foco dessa comunicação. Por isso, elementos como formatos, texturas, materiais e imagens simbólicas são de grande importância no projeto.

Nesta comunicação visual não apenas as imagens podem ser simbólicas, mas também, texturas e formatos podem ser usados como valor simbólico ou valor afetivo. Trazendo sempre sensações, emoções e lembranças ao leitor.

É sempre bom, para facilitar o encontro de imagens e texturas simbólicas de certa temática, fazer uma pesquisa aprofundada sobre o assunto a ser abordado e selecionar palavras-chaves que identifiquem esse tema. Assim, fica mais fácil trazer para o projeto os elementos simbólicos a serem utilizados como imagem, textura, formato, além do material.

A reportagem sobre *Aimee Fuller*, uma das maiores estrelas de *snowboarding* britânico, na *Coven Magazine – Issue 6* (figura 23) demonstra o uso da comunicação visual simbólica quando faz uso, intencionalmente, de polaroides para apresentar as ilustrações de

Aimee. Polaroides são imagens simbólicas que trazem lembranças e causam sensações no leitor e, neste caso, foram trabalhadas como destaque da reportagem.

Figura 23: reportagem sobre Aimee Fuller – Coven Magazine.

Fonte: *Coven Magazine* (http://issuu.com/covenmagazine/docs/coven_issue_6).

Outro exemplo, convites de casamentos, cujos formatos e texturas usados remetem aos trajes dos noivos (figura 24). Essa comunicação visual criada de forma intencional permite sensações e emoções diferenciadas ao receptor, muito diferente, de um convite com apenas uma tipografia diferente. Pois, esses símbolos trazem lembranças não somente aos noivos como a todos os amigos e familiares que receberam o convite.

Figura 24: convites de casamento – comunicação visual simbólica.

Fonte: casamento.art.br

O *website* temático da Universal Orlando *"The Wizarding World of Harry Potter"* (figura 25) é um belo exemplo de comunicação visual simbólica, pois apresenta: tipografias, texturas, ilustrações, cores e fundo musical, que remete o receptor para o universo dos filmes de

Figura 25: reportagem sobre Aimee Fuller – Coven Magazine.

Fonte: https://www.universalorlando.com/harrypotter

Harry Potter. Toda a linguagem e elementos utilizados criam esse elo com a temática dos filmes. Com certeza cria vínculos com os fãs e causa boas sensações e significados simbólicos aos usuários do site.

Nesta comunicação visual, a temática é valorizada, mas precisa ser trabalhada com cautela, porque o uso exagerado de texturas pode prejudicar a leiturabilidade, causando ruído na informação. Lembre-se que na comunicação visual intencional a informação deve ser compreendida na totalidade do seu significado pretendido pela intenção do seu emissor [13].

Como já dito, não há uma regra que diga que a comunicação visual prática, ou estética ou simbólica seja a melhor opção. Muitas vezes, a comunicação visual prática, com blocos mais demarcados (colunas bem rígidas, delimitando os elementos) e simetrias, pode ser a melhor opção e trazer um resultado bonito, preciso e claro, como é possível ver em muitos websites, que fazem uso desse recurso e oferecem uma boa navegabilidade e leiturabilidade.

Em outros casos a comunicação visual estética com sua intenção clara de chamar atenção e agradar já no primeiro nível de leitura, cujas imagens e tipografias são trabalhadas também como ponto focal, pode ser a estratégia certa para a apresentação de um novo produto. Já a comunicação visual simbólica sempre será uma estratégia interessante quando o objetivo é causar certas emoções e sensações no receptor da mensagem.

Mais uma vez, o que realmente importa é a clareza na informação, por isso, o projeto deve estar focado em permitir uma boa experiência de uso do artefato de informação pelo usuário, se preocupando com o contexto de uso.

Ruído

Em uma comunicação, qualquer perturbação que impeça a qualidade da transmissão dos dados é chamada de ruído. Na comunicação visual não é diferente. A forma de manipular e trabalhar a informação (uso dos elementos) pode não permitir que a comunicação visual seja compreendida de forma eficiente.

Na comunicação visual, o ruído é qualquer elemento que atrapalhe ou atrase a interpretação da informação pelo leitor ou usuário da interface. Normalmente, o ruído está relacionado à má diagramação, baixo contraste, poluição visual e poucas "áreas de respiro" (espaços em branco entre um bloco de informação e outro). É preciso tomar cuidado, como veremos nos exemplos a seguir, às vezes, um pequeno erro pode gerar grandes frustrações e atrasos na qualidade da comunicação.

A figura 26 apresenta, como exemplo, o baixo contraste servindo como ruído para a mensagem a ser comunicada. A reportagem da

Figura 26: contraste como ruído da comunicação visual.

Fonte: Leandro Avelar (http://leandroavelar.com/)

A Revista Nurk apresenta várias colunas com informações textuais, ora em um tom branco, ora em tom lilás. Porém, o fundo da reportagem também faz uso de um tom roxo quase preto. Isso dificulta, ou seja, atrasa a leitura da informação com o tom lilás, pois este se aproxima da tonalidade do fundo da reportagem. Neste caso o tom usado para o texto lilás pode ser considerado um ruído na comunicação.

Outro exemplo de ruído é apresentado na figura 27, uma revista apresenta duas reportagens, cada uma em uma página e, juntamente com a reportagem há propagandas que se misturam na diagramação com a reportagem, causando uma poluição visual, já que atrasa a leitura, pois faz o leitor perder tempo para entender que as propagandas não fazem parte da reportagem.

Figura 27: poluição visual como ruído da comunicação visual.

Fonte: Revista Energia, p.10 (http://issuu.com/energiajau/docs/revistaenergia15)

Essas propagandas apresentadas sem nenhum cuidado de separá-las do conteúdo de reportagem são consideradas poluição visual, pois são conteúdos não relevantes para a compreensão da informação da reportagem e, que brigam pela mesma atenção, prejudicando assim a passagem eficiente da mensagem.

Outro exemplo de ruído é mostrado na figura 28, que apresenta uma propaganda na revista online *Air Monkeys,* cujos elementos são trabalhados sem "área de respiro" entre os blocos de informação, causando uma perturbação na leitura, já que não facilita que o olho perceba as informações de forma separada. Tudo aparenta ter o mesmo peso e a mesma importância e todas as informações brigam pela mesma atenção, dificultando a clareza da mensagem a ser transmitida.

Figura 28: poucas áreas de respiro como ruído da comunicação visual.

Fonte: *Air Monkeys* (issuu.com/airmonkeys/docs/airmonkeysmagazineissue10final)

A figura 29 apresenta um cartaz do banco Itaú sobre o seu programa de *trainee* de 2011. Perceba os blocos de informação e as "áreas de respiro", permitindo que se visualize: imagem, texto centralizado no cartaz, texto acima (lado esquerdo) e por último as informações menores (parte de baixo). As informações não brigam todas ao mesmo tempo por sua atenção. Cria-se, assim, um fluxo de leitura.

Figura 29: áreas de respiro na comunicação visual do banco Itaú.

Fonte: Banco Itaú (www.itau.com.br)

Agora que você compreendeu os conceitos de comunicação visual casual: aberta a *multi* interpretações e, comunicação visual intencional, cuja intenção do emissor é claramente compreendida pelo receptor, no qual se dividi em prática, estética e simbólica. E que ruídos como má diagramação, poluição visual, baixo contraste e pouca "área de respiro" podem prejudicar a eficiência da comunicação, vamos à atividade!

Atividade 02

Tema: Cartaz «*Hair Styler* - Polishop®»

Procedimentos:

A proposta é que o aluno crie um cartaz de propaganda do produto «*Hair Styler*» da Polishop® com base na comunicação visual intencional estética.

O aluno deverá assistir o vídeo de propaganda (tv) e, então, anotar as informações mais relevantes e criar um cartaz que traduza a intenção da mensagem do vídeo.

Foco: atração e objetividade.

Objetivo:

Verificar se o aluno consegue trabalhar elementos da comunicação visual intencional estética em um cartaz que busca promover um produto, com base na sua propaganda na tv.

Como funciona:

Apresentar um cartaz 31x44cm de promoção do produto.

Infográfico

Como vimos, no capítulo anterior, a comunicação visual, principalmente a intencional, faz uso da imagem como suporte ao texto. Por exemplo, a comunicação visual prática usa a imagem para ilustrar a informação textual. Já a comunicação visual estética faz uso da imagem como ponto focal, serve para atrair, prender a atenção do leitor. E, a comunicação visual simbólica faz uso de imagens simbólicas com a intenção de despertar sensações e emoções no receptor. Essas imagens são um complemento, um suporte a serviço do texto.

O primeiro nível de leitura de artefato de comunicação visual é sempre a imagem e o rótulo (título). O segundo nível de leitura é a informação textual com mais peso e por último o conteúdo textual com tipografia de tamanho menor.

Por isso, o infográfico é uma ferramenta muito aceita para passar informações complexas de forma mais clara, simples e de rápido entendimento. Porque faz uso de imagens e ícones como elemento principal e tem o texto como seu complemento ou suporte. Seu elemento de informação principal (imagens e/ou ícones) está sempre no primeiro nível de leitura. É justamente isso que o torna uma ferramenta eficiente, desde que bem usada.

Mas, o que é Infográfico? É um conjunto de elementos como imagens, ilustrações e/ou ícones e textos com o objetivo de promover um entendimento mais claro e rápido de informações complexas. Suas principais características são o caráter didático e o uso de imagens de síntese, ou seja, as imagens resumem, condensam toda a informação complexa de forma a garantir um entendimento eficiente, que facilite o entendimento do leitor.

A figura 30 apresenta um infográfico sobre Tipos de café, feita por Veronezi Studio e texto de Kelly Stein. Composto por um título chamativo e uma breve introdução textual, o infográfico, apresenta basicamente ícones de fácil compreensão, ou seja, é possível assimilar a informação, quais são as variações de estilos de cafés apenas observando as ilustrações, mas mesmo assim, há elementos textuais com o título e um breve texto que explica a composição de cada café, servindo de suporte a informação através dos ícones. Veja como as categorias dos tipos de cafés, chamado de "puro" se apresentam na mesma linha com uma cor de fundo que os diferenciam da categoria seguinte, chamada de "com leite". Uma composição clean, divertida que facilita, de forma muito atraente, a rápida assimilação de uma informação complexa.

Figura 30: infográfico "Tipos de café"

Fonte: Veronezi Studio & Stein [16].

Abaixo uma série de infográficos da Revista Superinteressante, uma das pioneiras, no Brasil, a trabalhar com o infográfico como reportagem. Os exemplos abaixo foram premiados com o "Prêmio Malofiej", em 2008, que é o mais importante da infografia mundial.

A figura 31 apresenta uma reportagem, em forma de infográfico, da Revista Superinteressante que explica em forma sequencial, um passo-a-passo de como um boi vira bife. Com esse título, a reportagem explica que existem mais cabeças de gado do que gente no Brasil.

A reportagem pode ser compreendida apenas lendo o título, sua introdução textual e as ilustrações (sequência). É possível perceber que os textos enumerados próximos de cada ilustração servem como complemento para o entendimento de todo o processo.

Figura 31: infográfico "Como o boi vira bife"

Fonte: Revista Superinteressante
(super.abril.com.br/revista/extras/251/SI_20070601_N_NOVASboi.pdf)

A figura 32 apresenta uma reportagem da Revista Superinteressante, em forma de infográfico. A reportagem fala sobre o fato de cientistas, através de telescópio e sondas, determinarem o tipo de planeta (terrestre ou gasoso). Apresenta como seria a estrutura de planetas como a Terra, Marte, Vênus, Mercúrio, Júpiter, Netuno, Saturno e Urano.

Ao ler o título, introdução e imagens do infográfico eu entendo, basicamente, toda a informação. Caso essas informações não estejam tão claras, é possível ler o texto complementar, que dá suporte as imagens e, compreender toda a reportagem. Se essa reportagem fosse apresentada de forma tradicional - basicamente informação textual e imagens ilustrativas -, seria mais lenta a assimilação da informação e, talvez não fosse eficiente.

Figura 32: infográfico "Por dentro dos Planetas"

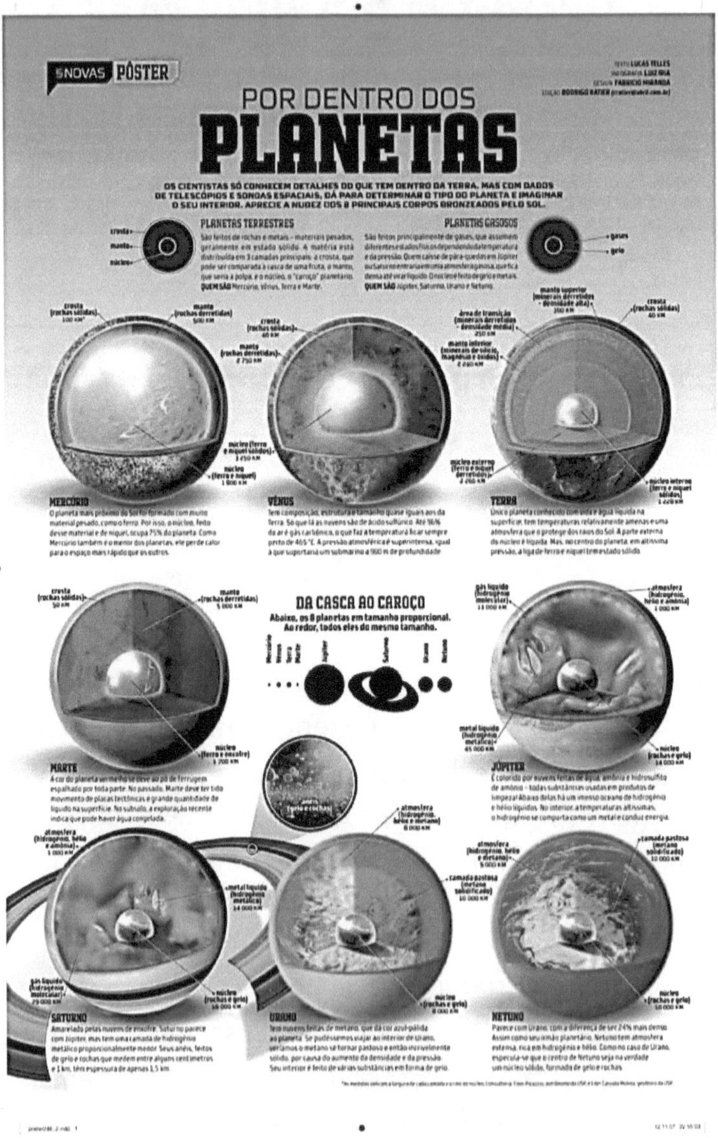

Fonte: Revista Superinteressante
(super.abril.com.br/revista/extras/251/SI_20071201_N_NOVASplanetas.pdf)

As figuras 33 e 34 também apresentam uma reportagem, em forma de infográfico, da Revista Superinteressante que explica que uma única árvore pode abrigar um ecossistema complexo, com dezenas de seres vivos diversos. O infográfico também apresenta um título claro e uma introdução textual que explica boa parte do que será apresentado em forma de infográfico. Ambas as páginas da reportagem (figuras 32 e 33, respectivamente) são compostas por uma grande ilustração de uma árvore e pelo destaque de cada ser vivo que habita cada parte dessa árvore. A ilustração de cada ser vivo é apresentada juntamente com uma chamada textual que serve de suporte (complemento) da imagem, ajudando na assimilação da informação.

Figura 33: infográfico "Mundo Árvore – PARTE 1"

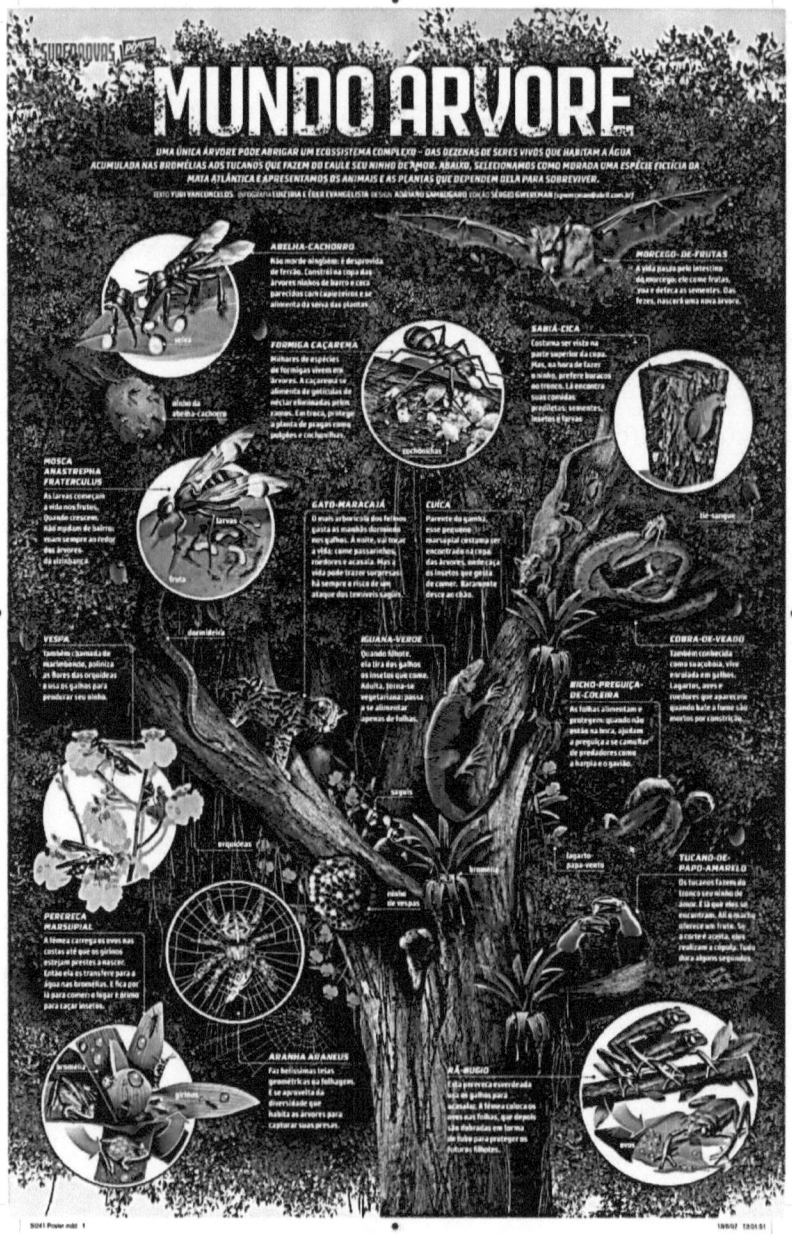

Fonte: Revista Superinteressante
(super.abril.com.br/revista/extras/251/SI_20070701_N_NOVASarvorea.pdf)

Figura 34: infográfico "Mundo Árvore – PARTE 2"

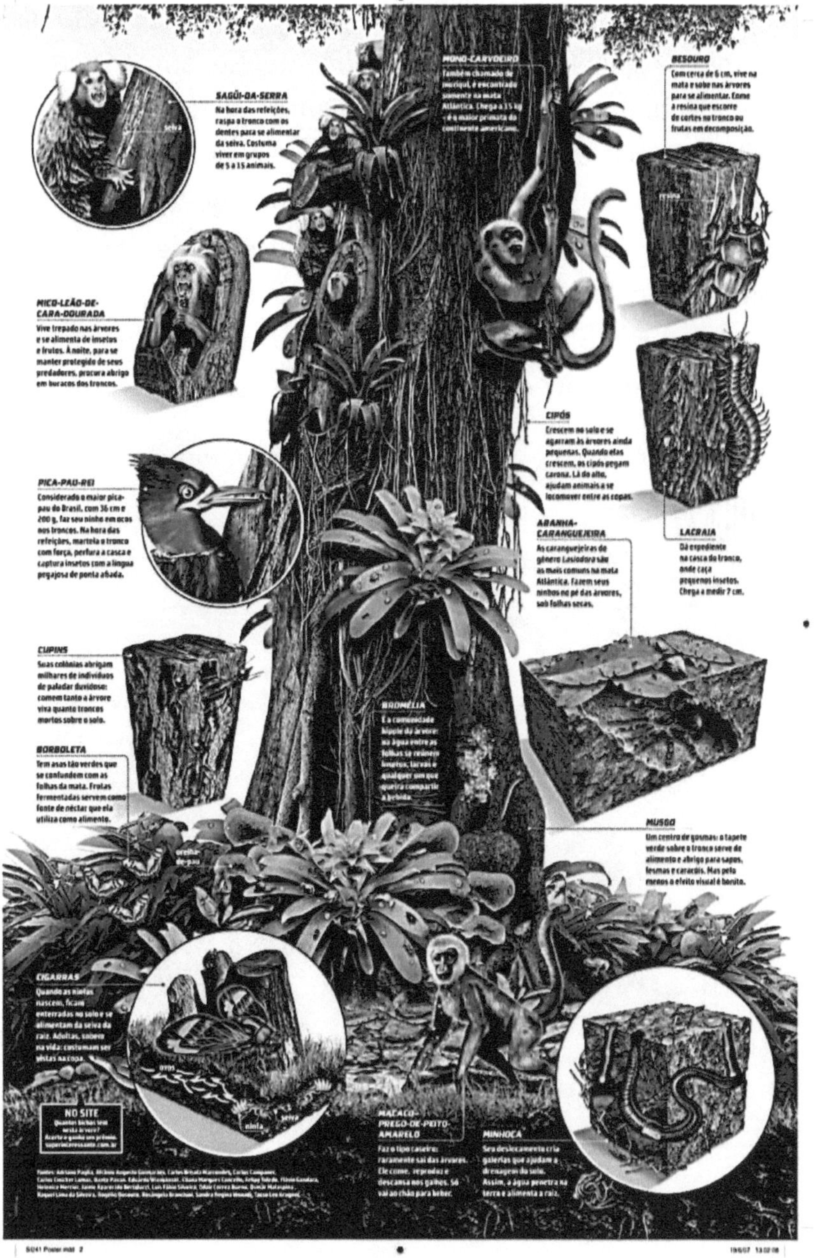

Fonte: Revista Superinteressante
(super.abril.com.br/revista/extras/251/SI_20070701_N_NOVASarvorea.pdf)

Os infográficos já são usados pela Ciência (figura 35) há algum tempo, em livros, artigos para explicar processos naturais, físicos, biológicos, químicos que, normalmente, seriam difíceis de serem compreendidos de outra forma. Outro exemplo de aplicação do infográfico, bastante antiga, seria em manuais de produtos e serviços (figura 36), visando a melhor compreensão dos passos de montagem, instalação e uso do produto ou de etapas (ações) no caso de serviços. O mais recente uso de infográficos seria pelo jornalismo tanto televisionado, quando o impresso e, também os infográficos interativos, no caso de *websites*.

Figura 35: exemplo de infográfico de informação científica

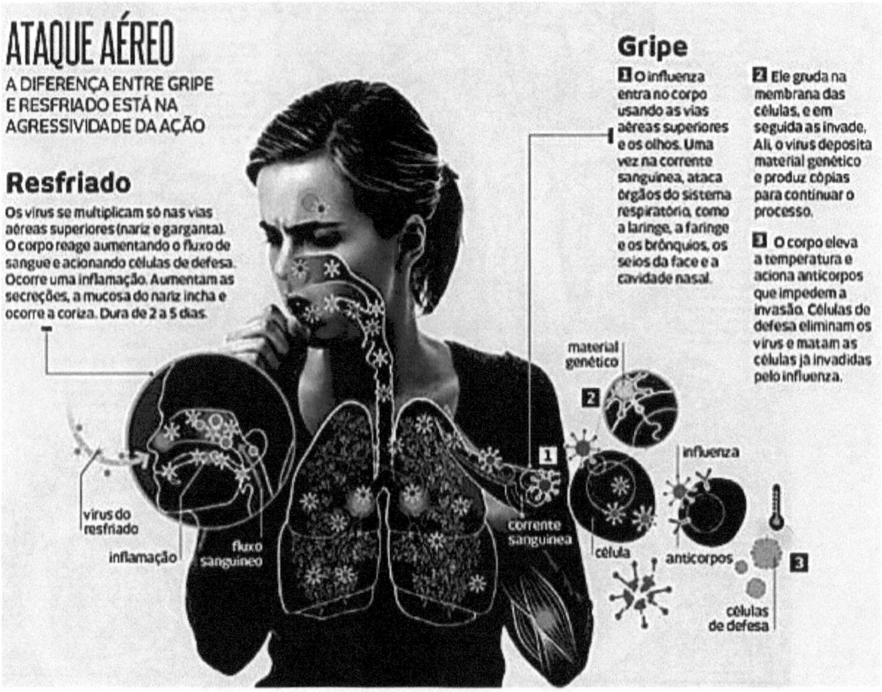

Fonte: Revista Galisteu [17].

Figura 36: exemplo de infográfico aplicado em manuais

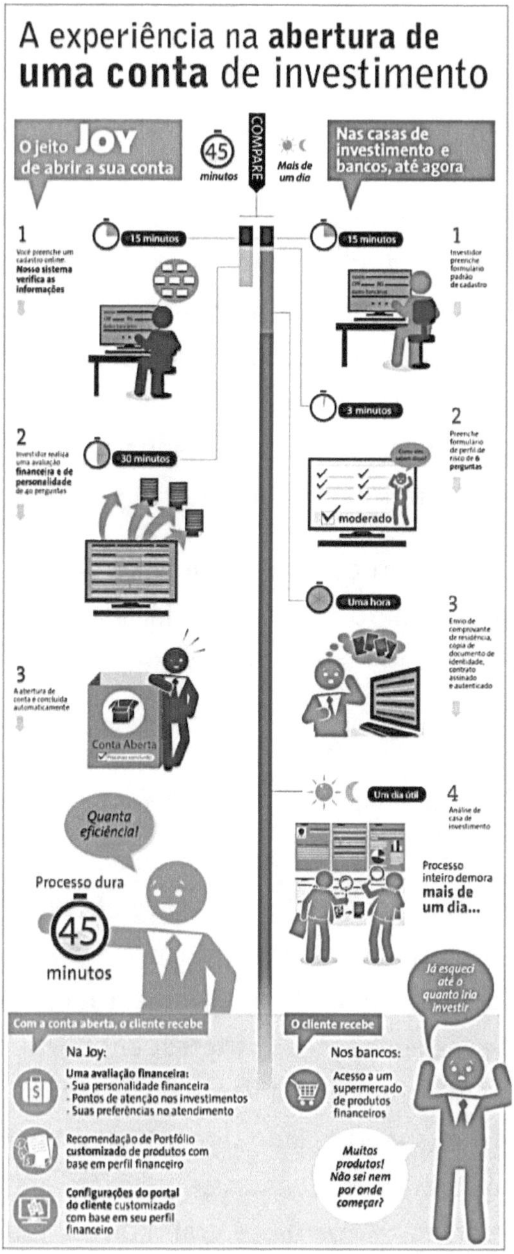

Fonte: Notext [18].

Classificação por objetivo

Os infográficos podem ser classificados, segundo seu objetivo, de duas formas: narrativos, quando explicam, descrevem ou relatam um fato, um acontecimento; e instrutivos, quando apresentam indicações de como usar ou fazer algo, passos ou etapas de como algo funciona, ou ainda, como se chegar em algum lugar. Como visto anteriormente, o jornalismo tem feito muito uso de infográficos como reportagem. Algumas dessas reportagens são bons exemplos de infográficos narrativos, que relatam dados de uma pesquisa, por exemplo. Já aqueles vistos em manuais de uso seriam um bom exemplo de infográficos instrutivos.

Todo infográfico tem como característica a "didática", ou seja, quer ensinar, explicar algo de forma fácil e rápido, transformando informação complexa em algo simples, claro, de fácil assimilação para o leitor.

Infográficos Narrativos

A figura 37 é um exemplo de infográfico narrativo. O infográfico de Marcos Veiga para a seção de infográficos do site IG foi todo produzido em tons de vermelho e cinza e apresenta dados de uma pesquisa. Começa com o título "Os ameaçados" explicando de forma textual e através ilustrações (parte superior, lado esquerdo) quantas espécies que integram a lista vermelha estão com risco de extinção. Dessas espécies (superior, lado direito), quantas estão em risco, risco crítico ou vulneráveis. E, quantas sobrevivem em cativeiro e quantas já desapareceram. A parte central, com o título "quem está em risco", informa quais são e quantos são as espécies (anfíbios, recifes e corais, mamíferos, plantas e aves) em extinção. Finaliza o infográfico com duas informações em nível de curiosidade, como complemento do assunto abordado nas outras partes, superior e central, cujos títulos são "estamos longe de conhecer todas as espécies" e "a natureza está encolhendo".

Figura 37: exemplo de infográfico narrativo – "Biodiversidade em números".

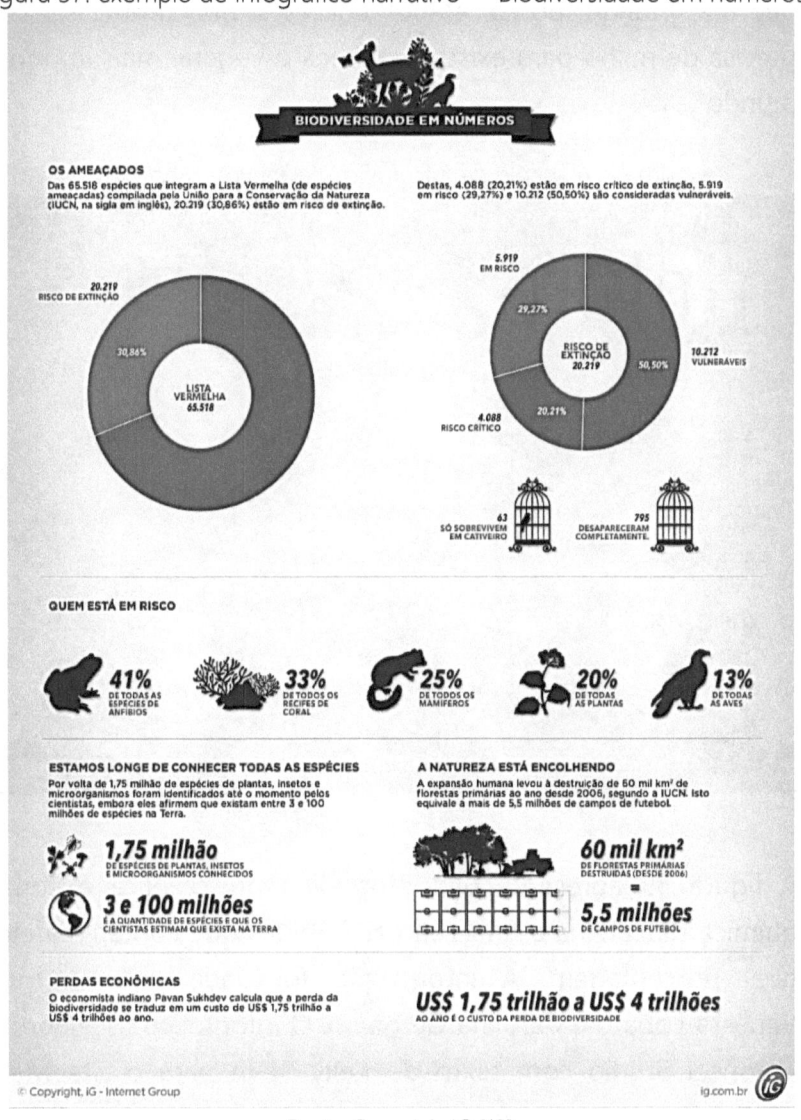

Fonte: Especiais IG [19].

A figura 38 apresenta um infográfico feito por Gabriel Gianordoli, ilustração de Daniel Rosini e edição de texto por Emiliano Urbim, para a Revista Superinteressante, de julho de 2009, que explica a importância do milho na sociedade contemporânea. Além do título que chama atenção, logo abaixo, apresenta um texto introdutório que diz: "frango, porco, etanol, chicletes, fitas adesivas... Tudo isso precisa de milho para existir. Conheça o vegetal mais importante do mundo".

Figura 38: exemplo de infográfico narrativo - "Show do Milhão"

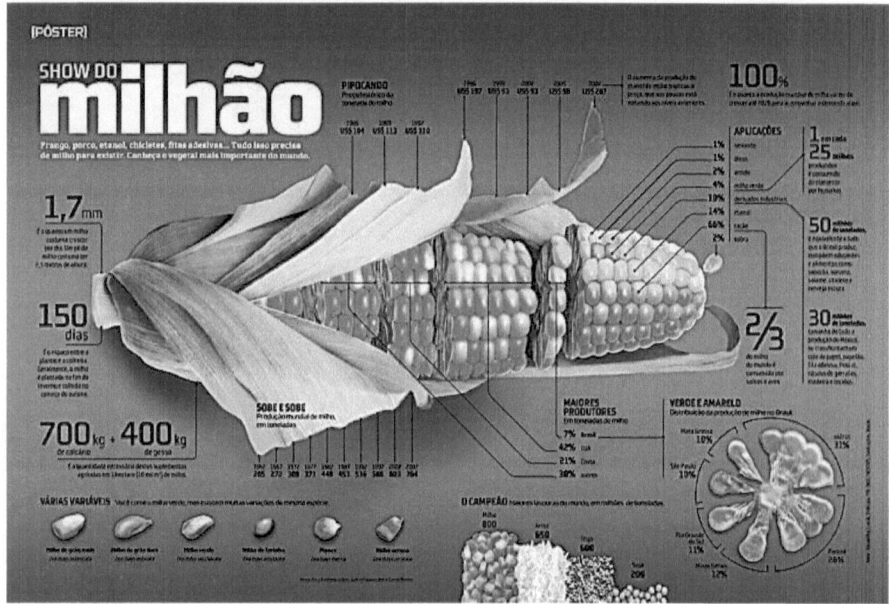

Fonte: Superinteressante [20].

A figura 39 apresenta um infográfico que explica a composição química da cafeína e quais são as bebidas que contém cafeína e em qual porcentagem. A informação foi dada pelas nutricionistas Vanessa Lobato e Carolina Germano. O infográfico foi elaborado por Veronezi Studio com texto de Kelly Stein para o site Mexido de Ideias. Esse é um bom exemplo de infográfico, pois faz uso das imagens de síntese (ilustração e rótulos), que explicam, basicamente, toda a informação. Próximos à composição química da cafeína existem quatro círculos com informações textuais em nível de curiosidade sobre a cafeína.

Figura 39: exemplo de infográfico narrativo – "Bebidas com cafeína"

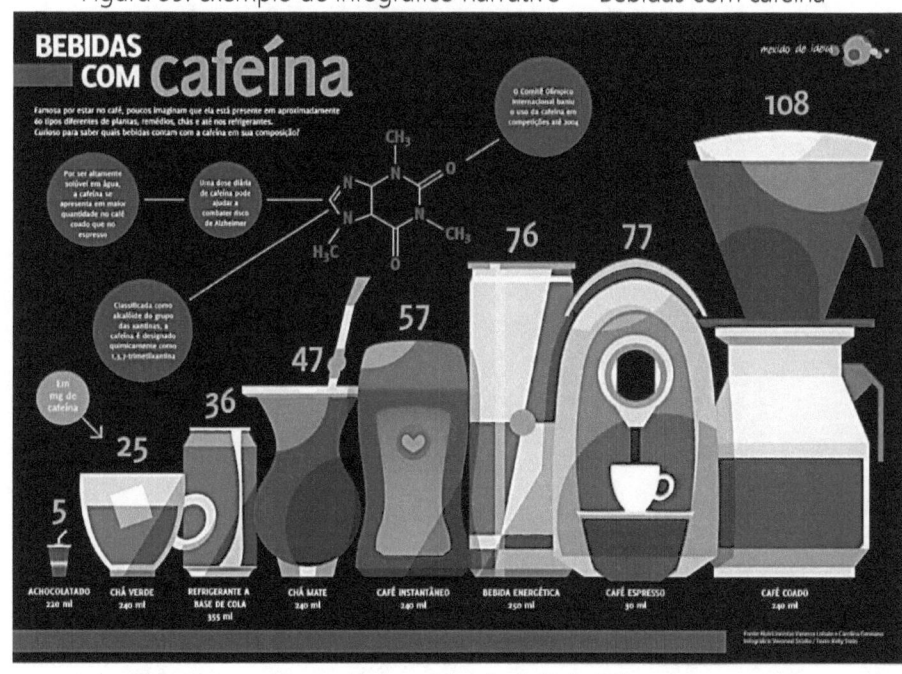

Fonte: Veronezi Studio & Stein [21].

Em um infográfico, como dito por Mário Kanno [22] a leitura não precisa ser linear, o leitor pode ir e voltar a cada tópico (bloco) de informação com maior facilidade do que nos textos organizados em blocos e módulos.

Infográficos Instrutivos

A figura 40 apresenta um infográfico instrutivo, ou seja, que explica como funciona o bondinho do Rio de Janeiro. Instrui, com detalhes, o seu funcionamento. Mostra toda a trajetória, informações sobre cabos e de todo o processo que permite que o bondinho suba e desça a serra. No final, o infográfico apresenta, de forma cronológica, as alterações que o bondinho já sofreu. Esse infográfico foi um dos vencedores da Mostra de Infografia Nacional de 2013. O infográfico é de autoria de Alessandro Alvim e Renato Carvalho.

Figura 40: exemplo de infográfico instrutivo – "Como o bondinho funciona"

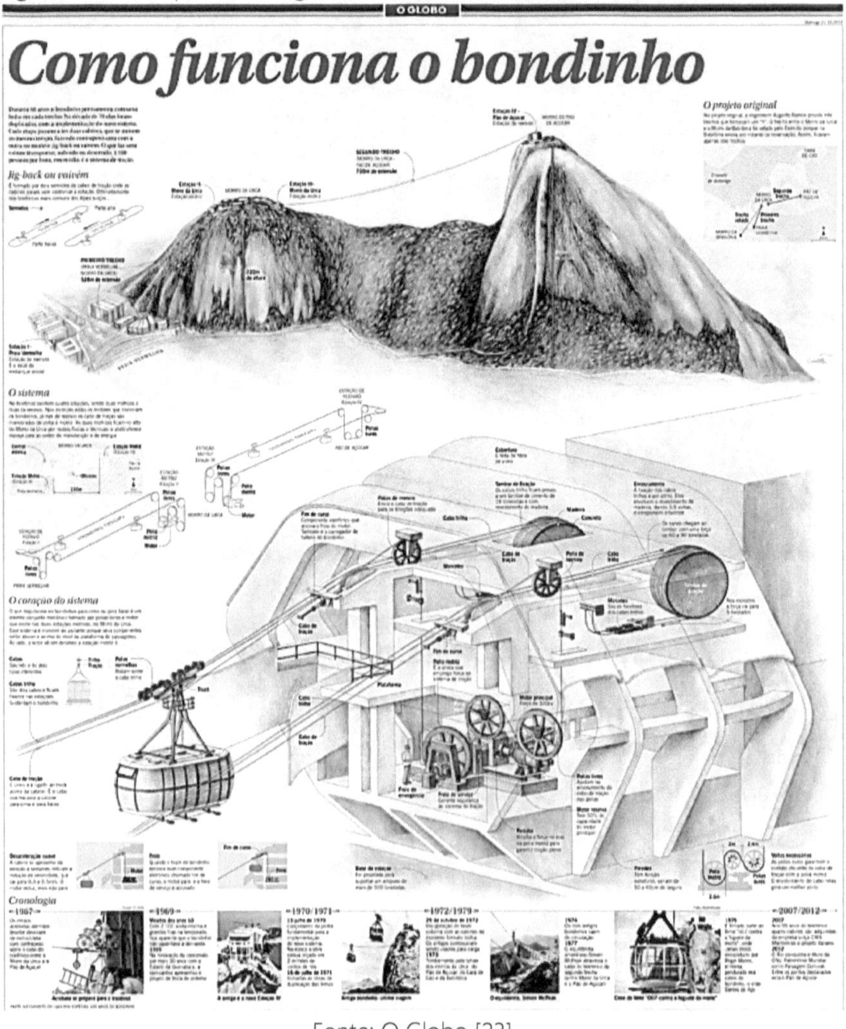

Fonte: O Globo [23].

A figura 41 apresenta um infográfico da seção Ciência & Saúde do Jornal O Povo de Fortaleza (CE) que ensina como cuidar dos dentes. Pode-se perceber que o infográfico tem uma ilustração principal, grande, como foco de atenção e trabalha a informações através de etapas (passos) a serem seguidos. Do lado esquerdo, há uma coluna com informações adicionais em nível de curiosidade sobre o assunto abordado. O infográfico é de Cecília Andrade.

Figura 41: exemplo de infográfico instrutivo – "Como cuidar dos dentes"

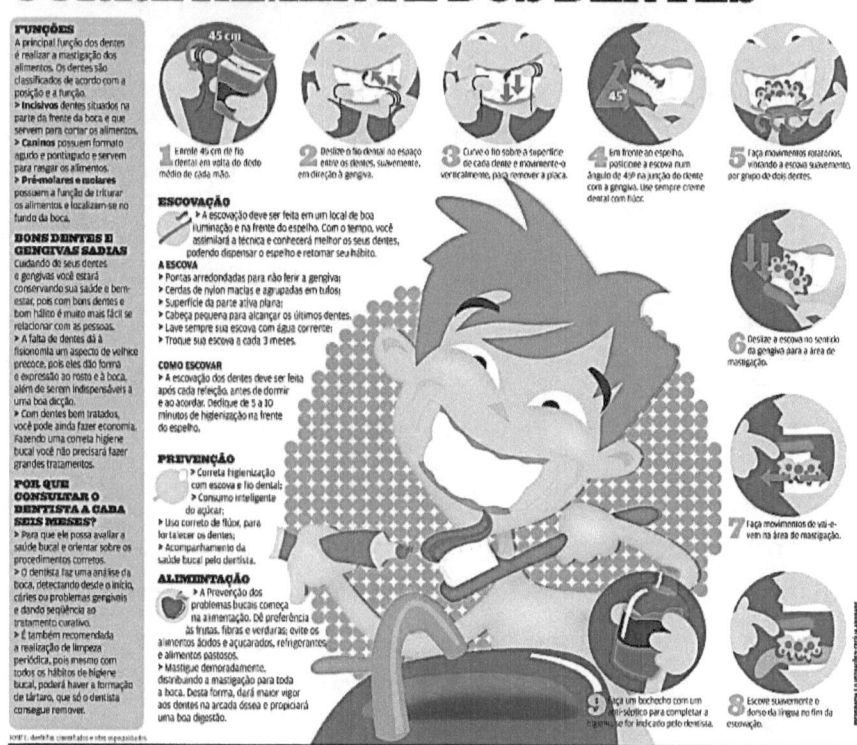

Fonte: O Povo [24].

A figura 42 mostra um infográfico do site Mexido de Ideias, feito por Veronezi Studio e texto de Kelly Stein. Esse material apresenta, de forma bem ilustrada, um passo a passo da trajetória do café até chegar à mesa do consumidor. Note que são numerados os trajetos, no total são 14 passos que vão desde o preparo da terra (passo 01) à sua xícara (passo 14).

Figura 42: exemplo de infográfico instrutivo – "O processo do café"

Fonte: Veronezi Studio & Stein [25].

A figura 43 apresenta um infográfico, muito interessante, de como ocorre à sensação de vitória no organismo de um ser humano que participou de uma competição. Mais uma vez, é possível notar uma grande ilustração como ponto focal. Do lado direito o passo a passo, em etapas que vão do 1 ao 6, mostrando as sequenciais reações do cérebro e embaixo, do lado esquerdo as reações do corpo como um todo (sangue, coração, glândulas sudoríparas e o sistema nervoso), não apenas do cérebro. Feito por Marcos Veiga e Pedro Ferreira para a seção "Especiais" do site IG.

Figura 43: exemplo de infográfico instrutivo – "O cérebro vitorioso"

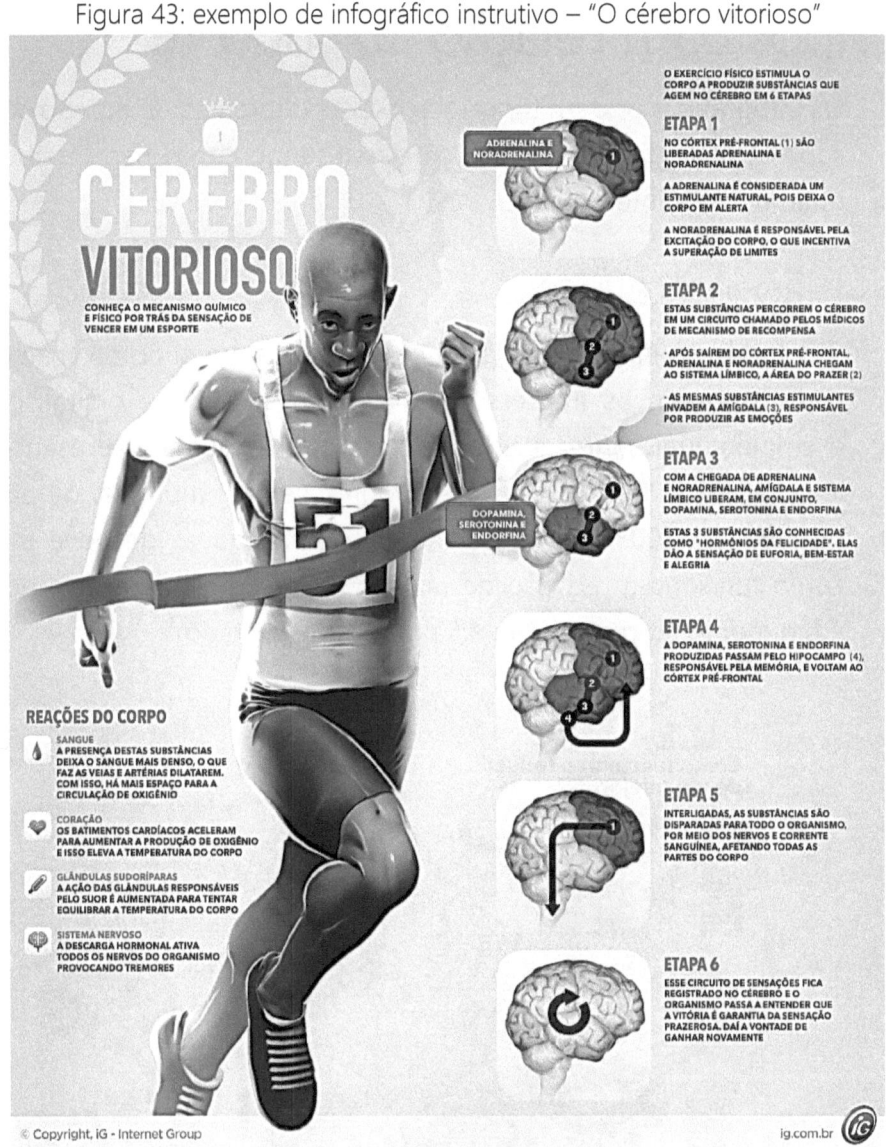

Fonte: Especiais IG [26].

Os infográficos não são divididos apenas por seu objetivo, eles também podem ser classificados de acordo com o tipo de suporte.

Tipos com relação ao suporte

Os infográficos podem ter características diferentes de acordo com o suporte analógico ou digital, se classificando como não interativos, multimídias e interativos.

Não interativos

São todos os infográficos estáticos inseridos em suporte analógico, como exemplo os impressos em revistas e, suporte digital, como exemplo aqueles introduzidos em *websites*. A figura 44 apresenta um infográfico da Revista Mundo Estranho, versão impressa, da edição de julho de 2008, páginas 54 e 55. Ensina através de nove etapas como funciona a redação de um jornal, desde a busca pela notícia até o momento que vai "ao ar" para o telespectador.

Figura 44: exemplo de infográfico não interativo

Fonte: Revista Mundo Estranho [27].

Multimídias

São os infográficos com animação e som, apresentados normalmente em vídeo. Possuem suporte analógico, quando se trata da TV convencional e, suporte digital, quando se trata da TV digital ou *Web*. A figura 45 apresenta um infográfico multimídia

Figura 45: videográfico Arte Folha – "Hidroelétrica de Belo Monte"

Fonte: montagem do próprio autor https://www.youtube.com/watch?v=cG89B5JIskY (Lucio Neto).

feito pela Arte Folha, em que mostra onde e como funcionará a hidroelétrica de Belo Monte. O vídeo possui 2 minutos e trinta segundo de duração.

Os infográficos multimídias (som, imagem, movimento) se tornaram muito comuns nos telejornais brasileiros, nos últimos anos, para representar um acontecimento. Um exemplo é o caso de assassinato da Isabela Nardoni, apresentado no programa Fantástico da Rede Globo, no qual foi feito uma animação em computador para narrar como a perícia acredita que o fato ocorreu.

Figura 46: simulação do caso Nardoni – Fantástico (Rede Globo)

Fonte: montagem do próprio autor https://www.youtube.com/watch?v=wpuKh2MFe2w (pontiacpenha).

Interativos

São os infográficos que permitem a interação com a informação, que é induzida pelo usuário, cujo suporte é digital. A figura 47 (versão interativa) apresenta uma versão interativa, feito por Luiz Iria e Renata Aguiar, do Infográfico de Luiz Iria, Eber Evangelista, Adriano Sambugaro e José Carlos da Silva, que informa como operam os maiores pontos de tráfico de drogas no Brasil.

Na versão digital (figura 47) é preciso apertar o botão "começar" para iniciar, sendo possível escolher que informação ver primeiro, clicando nas opções nas ilustrações e em um *menu* na parte inferior. A figura 48 mostra a versão impressa do mesmo infográfico. Ambas são reportagem do site e da revista Superinteressante, respectivamente, da Editora Abril, de outubro de 2004.

Figura 47: tela inicial do infográfico interativo – "Boca em Ação"

Fonte: Superinteressante – Versão online
http://super.abril.com.br/multimidia/info_494266.shtml

Figura 48: versão impressa do infográfico "Boca em Ação"

Fonte: Revista Superinteressante – Outubro de 2008.

Já as figuras 49 e 50 apresentam um infográfico interativo do site Carnaval do Rio, no qual é possível comandar a bateria de uma escola de samba. O usuário a ordem e quais sons devem estar habilitados (figura 50). Tudo começa clicando no botão "Clique no apito para começar a bateria" (figura 49).

Figura 49: tela inicial do infográfico interativo – "Carnaval IG"

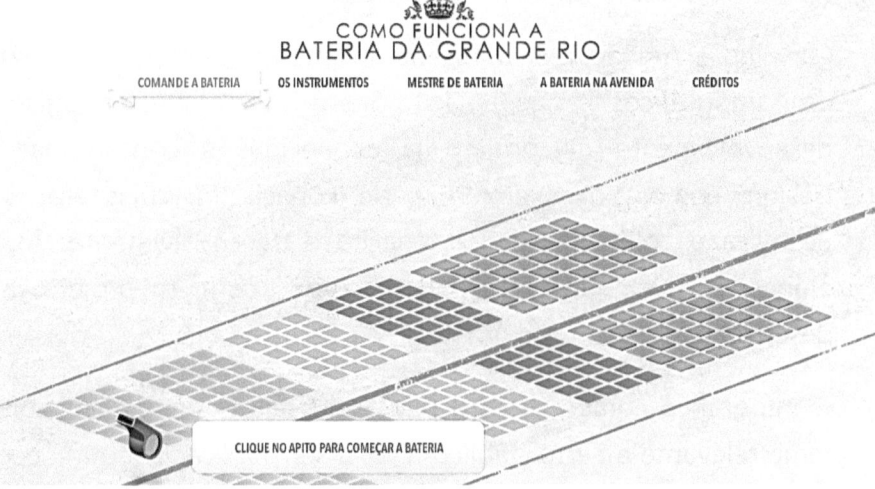

Fonte: Carnaval IG (carnaval.ig.com.br) – montagem próprio autor.

Figura 50: infográfico interativo – "Carnaval IG"

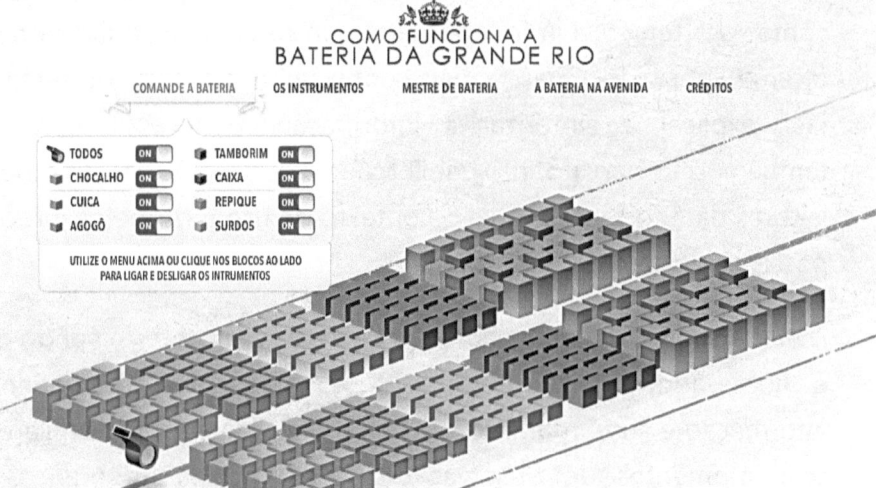

Fonte: Carnaval IG (carnaval.ig.com.br) – montagem próprio autor.

Metodologia de criação

Carvalho e Aragão [28] apresentam uma metodologia para criação de infográficos, que não difere das metodologias de desenvolvimento de projeto já conhecidas e consagradas pelo Design, como, por exemplo, a de Lobach [9], cujas etapas são pesquisa e coleta de dados, criação e desenvolvimento. As sub-etapas é que irão variar, de acordo, com o projeto a ser desenvolvido.

O infográfico começa com a pauta, ou seja, a discussão sobre um tema relevante a certo público alvo, a ser publicado e que necessite ser apresentado de uma forma mais didática, que permita um rápido e fácil entendimento. Após a definição da pauta segue-se para a apuração de dados. Primeiramente faz-se uma pesquisa para analisar como essa temática já foi abordada que serve para conhecer melhor o tema abordado. Quanto mais conhecimento se tiver do tema mais fácil explicar e sintetizar a informação. É necessário conhecer também o propósito da publicação, quem serão os usuários ou leitores da informação, qual o contexto de uso e os meios e recursos possíveis de serem utilizados.

A etapa seguinte é de elaboração do conteúdo, determinando o que é necessário ser abordado e a estratégia de abordagem da informação e sua organização. E, também a análise dos similares, ou seja, momentos de observar e analisar outros infográficos que possam servir como influências e abrir o leque de ideias.

A terceira etapa é a de criação e desenvolvimento que começa com o esboço das ideias, desenvolvimento do protótipo e análise da configuração, arte final, acabamento, revisão e publicação.

Três regras são consideradas por Mário Kanno [22] para se usar o infográfico. A primeira seria para mantê-lo sempre simples e compacto, ou seja, se você está transformando informação complexa em um esquema que possa ser compreendido de forma rápida e fácil, então, o infográfico precisa ser a informação sintetizada e simplificada. A segunda regra seria não escrever o que você pode mostrar, ou seja, tudo aquilo que possa ser explicado "desenhando", através de ilustrações, imagens, esquemas será mais fácil e rápido de ser assimilado do que a informação escrita. A terceira regra que ele comenta seria que para explicar algo é preciso, primeiramente, entender, ou seja, quem for projetar o infográfico precisa compreender totalmente a informação na forma complexa, para que assim, possa achar um meio de simplificá-la, sintetizá-la.

A figura 51 mostra um esboço (fase de criação) de um infográfico para uma reportagem do jornal Folha de São Paulo, na seção Equilíbrio, de 17 de setembro de 2009. Já figura 52 apresenta o infográfico em sua versão final na reportagem "Hora da Revisão".

Figura 51: esboço para uma reportagem do jornal Folha de São Paulo

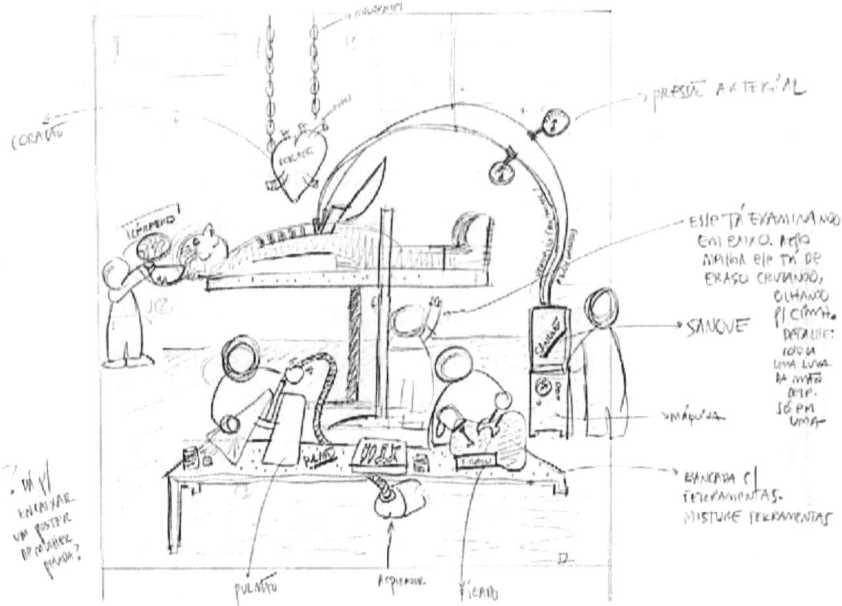

Fonte: Mário Kanno [22].

Figura 52: infográfico da seção Equilíbrio do jornal Folha de São Paulo

Fonte: Mário Kanno [22].

Agora que você compreendeu o que é um infográfico, como e quando usá-lo, vamos à atividade!

Atividade 03

Tema: Infográfico «Fim de semana»

Procedimentos:

A proposta é que o aluno primeiramente crie, desenvolva, um enredo para ser narrado no infográfico. Comece definindo toda a história, de como foi esse fim de semana desse grupo de amigos.

Em seguida, defina se quer contar, no infográfico, todo o final de semana ou se quer narrar apenas um certo evento ou fato que ocorreu nesse final de semana (com os amigos).

É permitido acrescentar informações, a nível de curiosidade, sobre lugares ou «coisas» descritas nessa história.

Objetivo:

Criar um infográfico narrativo sobre o final de semana de um grupo de amigos. Pode ser sobre um evento/fato que ocorreu no final de semana como narrar todo o final de semana deles.

Como funciona:

Em suporte digital (cartaz: 31x44cm) gerar um arquivo para a apresentação do infográfico para a turma. Primeiro espere um tempo para que os colegas de classe consigam fazer uma leitura rápida do seu infográfico. Depois explique as estratégias de organização do infográfico e que história está sendo narrada.

Usabilidade & Arquitetura de Informação

Esse capítulo aborda dois assuntos: Arquitetura de Informação e Usabilidade. Mas, antes de defini-los, faz-se necessário abordar outros conceitos, para que seja possível compreender qual a importância deles para o Design e, suas ligações.

Design e Ergonomia Visual

Como já abordado anteriormente, o Design é um processo de solução de problemas e necessidades dos usuários (as pessoas), cujo resultado é um artefato de uso. No caso do Design de Informação o resultado é um artefato de uso é a informação.

O Design gera um produto que deve satisfazer seus usuários, ou seja, ser útil, adaptado e permitir uma experiência gratificante. Assim como existem sempre dois lados de uma moeda, também existem dois lados de uma experiência de uso. Uma pessoa ao utilizar um artefato pode sentir-se realizada, porque aquilo simplificou ou facilitou a sua vida, de alguma forma; ou pode sentir-se frustrada, acreditando que aquilo complicou ou atrapalhou a sua vida.

A área da Ciência preocupada em adaptar o ambiente construído ao usuário é a Ergonomia. Através desta, é possível adaptar a tarefa ou artefato ao usuário. No caso do Design de Informação adaptar a ferramenta de informação aos seus usuários.

É possível fazer uso dos conhecimentos da Ergonomia para compreender os aspectos ligados a percepção e assimilação da informação, chamada por alguns pesquisadores como Ergonomia Visual.

Mas, para adaptar um artefato ao seu usuário é preciso entender como ocorrer o processo de uso, como o usuário se sente ao usar o produto e como este atende o usuário. Neste momento se faz necessário o estudo da Experiência do Usuário e da Usabilidade.

Experiência do Usuário e Usabilidade

A Experiência do Usuário, também conhecida como *User Experience* ou UX é a área da Ciência preocupada em compreender como é a relação do usuário com um artefato.

Experiência do Usuário

Essa área da Ciência se foca em entender e mensurar essa experiência desde as expectativas que o usuário cria, ou seja, suas primeiras impressões do artefato, no primeiro momento, passando pela qualidade de uso (Usabilidade), finalizando com as impressões finais que o usuário retém após o uso (figura 53).

Muitas vezes, as impressões iniciais, ou seja, as expectativas acerca do produto ou serviço antes de usá-lo pode interferir completamente nas impressões finais, após o uso. Por exemplo, você possui em casa uma TV por assinatura de uma empresa reconhecida por sua qualidade. Ao perceber um problema de transmissão, você liga para a central de atendimento com a expectativa de que será bem atendido, porque a empresa é líder no mercado. Se você não for bem atendido, começará a se frustrar pelo fato de ter criado uma expectativa que não foi atendida pelo serviço à altura. Isso irá influenciar suas impressões finais, ou seja, o antes do uso e a utilização influenciam toda a sua conclusão após o uso.

Figura 53: esquema das etapas da experiência do usuário

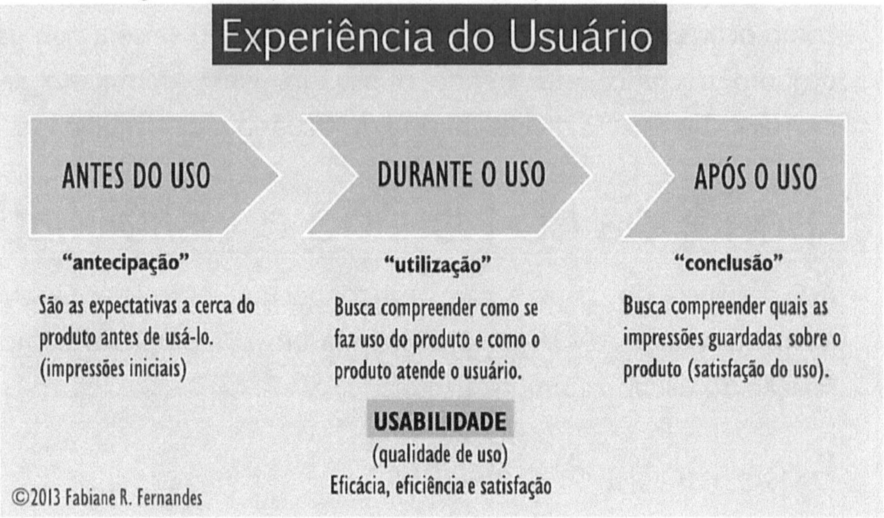

Fonte: Fernandes [29].

Outro exemplo, você ver um produto de uma marca conhecida na prateleira de um supermercado. O produto parece ser interessante e prático, então, você o compra. Ao chegar à sua casa e utilizá-lo pela primeira vez, percebe que ele não lhe atende como gostaria e mais uma vez a frustração emerge. Por isso, criar produtos atrativos, porém, que não atendam (utilização) o usuário como deveria irá apenas aumentar a sua frustração.

Usabilidade

Uma parte importante do estudo da Experiência do Usuário é a Usabilidade, que está relacionada ao momento de utilização do produto, ou seja, a qualidade de uso do artefato. Preocupa-se em entender e mensurar como o artefato atende o usuário. A usabilidade faz essa medição através do índice de eficácia, eficiência e satisfação do momento do uso. A eficácia está ligada a conclusão das etapas da tarefa, ou seja, a conclusão do objetivo que o usuário tinha ao usar o artefato. A eficiência está relacionada à conclusão, porém com outras variáveis envolvidas, como tempo, grau de dificuldade, etc. A satisfação durante o uso seria a verificação do quanto o usuário acredita na qualidade de uso do artefato, se acredita que o produto tem condições de lhe atender com qualidade.

Duas questões diferentes estão envolvidas no resultado final da Experiência do Usuário e da Usabilidade, como já dito por Fernandes [29]. A figura 54 mostra essa diferença. O resultado da Experiência do usuário envolve uma relação entre o usuário e o produto, ou seja, o seu resultado final será amar ou odiar o artefato. Já o resultado da Usabilidade envolve uma classificação para o artefato, ou seja, o resultado final será um troféu ou a desclassificação do produto.

Figura 54: esquema Experiência do Usuário x Usabilidade

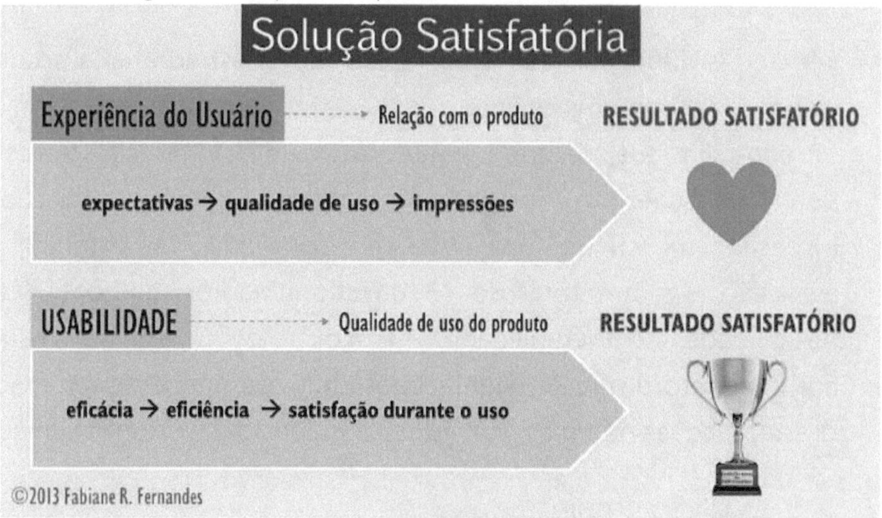

Solução Satisfatória

Experiência do Usuário ········▸ Relação com o produto   **RESULTADO SATISFATÓRIO**

expectativas → qualidade de uso → impressões

USABILIDADE ········▸ Qualidade de uso do produto   **RESULTADO SATISFATÓRIO**

eficácia → eficiência → satisfação durante o uso

©2013 Fabiane R. Fernandes

Fonte: Fernandes [29].

A usabilidade busca meios de garantir que o artefato seja fácil de usar e de aprender, cujas interações sejam eficazes, eficientes e agradáveis e para isso deve garantir a facilidade de uso, de aprendizado, efetividade no desempenho, utilidade percebida, custos humanos aceitáveis e adequação as tarefas e aos usuários [29, 30, 31, 32].

Métodos de Avaliação

Existem duas grandes classificações para uma avaliação do artefato com relação ao seu uso: avaliação de inspeção e avaliação empírica.

Avaliação de inspeção

A avaliação de inspeção é feita por especialistas da área, através de um *check-list* com critérios pré-definidos. Cada especialista analisa o artefato ou interface e, posteriormente, esses dados são tabulados e gerados resultados, normalmente o índice final será a média dos resultados.

Fernandes [29], em sua dissertação de Mestrado, analisou dois websites de compras online, cujos usuários foram pessoas acima de 50 anos. Em sua pesquisa, a autora avalia a interface através das duas avaliações, de inspeção e empírica. Para a avaliação de inspeção, foi criado um *check-list* contendo 11 critérios para avaliação, em um total de 43 questionamentos: compatibilidade, flexibilidade, legibilidade, controle do usuário, agrupamento/distinção, significados dos códigos e denominações, presteza, ações mínimas, consistência e densidade informacional.

Avaliação empírica

A avaliação empírica é feita por usuários reais do artefato ou interface, no qual é feita observações, designado tarefas e aplicado questionário. Na avaliação empírica é comum pedir autorização para filmar todo o processo de uso, pois as verbalizações sobre o que os usuários estão pensando no momento de uso, também são úteis na pesquisa. Normalmente, pede-se ao usuário que realize uma tarefa pré-determinada, ou seja, um objetivo que deve ser cumprido. E, então avaliação a conclusão das etapas e como foi o processo (tempo desprendido, custos efetivos, grau de dificuldade, etc.). Para avaliação da usabilidade, avalia-se o momento de utilização e aplica-se um questionário de satisfação, ao estilo SUS – *System Usability Scale* [29, 36, 37]. Para avaliação da Experiência do Usuário, avalia-se a antecipação (antes do uso), a utilização (durante o uso) e a conclusão (após o uso) conforme método apresentado por Fernandes [29].

É importante lembrar que, para um resultado satisfatório ao usuário, as características do artefato ou da interface, ou seja, seus aspectos estético-funcionais devem contribuir para uma boa experiência, ou seja, que as expectativas dos usuários de concretizem, causando uma boa impressão final.

No caso do artefato fruto do Design de Informação, para que o usuário atinja o seu objetivo a estrutura da informação precisa ser clara para que o usuário compreenda a informação.

Arquitetura de Informação

A arquitetura de informação está relacionada à construção da informação que se baseia em três elementos: conteúdo, usuário e contexto. O conteúdo é projetado com base nos usuários da informação e no seu contexto de uso.

Uma propaganda impressa será projetada de forma diferente para ser lida em uma revista, que o usuário tem mais tempo para permanecer na página, fazer a leitura e assimilar a informação e, para ser lida em um *outdoor*, que o usuário está sempre de passagem e não tem muito tempo para ler e assimilar a informação.

Da mesma forma, um site cujo assunto é destinado à conscientização do assunto sustentabilidade não pode ser projetado da mesma forma para conscientizar crianças e adultos. A abordagem para a criança, como linguagem, cores, atributos utilizados, será completamente diferente da abordagem feita para um adulto.

Por isso, projetar a informação, ou seja, o conteúdo com foco em quem será o usuário e como será o seu contexto de uso é a tríade que rege a Arquitetura de Informação (figura 55).

Figura 55: tríade, em ordem, da Arquitetura de Informação.

Fonte: próprio autor, 2014.

Os quatro sistemas

A Arquitetura de Informação utiliza quatro sistemas para a construção do layout e composição do conteúdo, que estão interligados entre si, conforme demonstra a figura 56. São eles: Organização, Rotulação, Navegação e Busca.

Figura 56: os quatros sistemas da A.I interligados

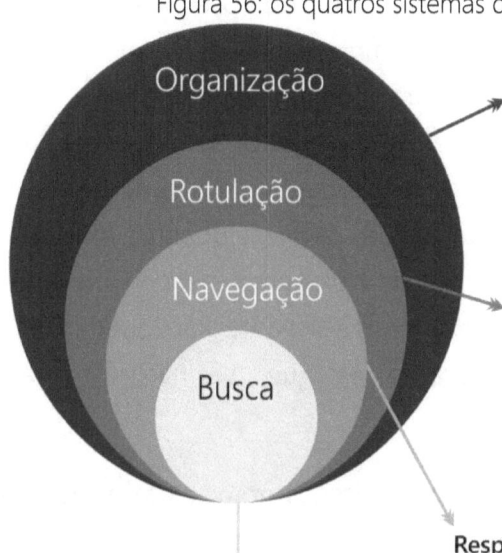

trabalha a organização dos elementos em forma hierárquica, por ordem de prioridade e relevância.

rotula os elementos e áreas com termos de fácil entendimento, que faça sentido ao usuário. Liga-se, diretamente, ao sistema de organização

Responsável por direcionar a navegação através de todo o conteúdo e áreas. Liga-se, diretamente, ao sistema de organização e rotulação.

Determina como será a busca por informação. Liga-se, diretamente, ao sistema de navegação, rotulação e organização.

Fonte: próprio autor, 2014.

Sistema de Organização

O sistema de organização é responsável por determinar a hierarquização e categorização das informações. Ajuda a organizar toda a informação, lembrando que um usuário sempre faz, primeiramente, uma varredura na informação em busca de conteúdo relevante. Por isso, o designer de informação deve facilitar essa varredura, determinando pesos diferentes para os blocos de informação.

Os *websites* são ótimos exemplos do uso dos sistemas da Arquitetura de Informação. As figuras 57 e 58 mostram o site Nike.com, sendo que a primeira imagem apenas a área "acima da dobra", ou seja, a área visível no navegador sem a necessidade de usar a barra de rolagem. Toda a informação "acima da dobra" é mais relevante do que as que estão abaixo, quanto mais se fizer necessário descer, na barra de rolagem, menos relevante é a informação contida. Porém, menos relevante não quer dizer que a informação não seja relevante. Porque, se não for, não tem necessidade de existir.

Começando com a figura 57, é possível notar as informações com pesos diferentes: imagem grande e rótulo da informação com uma fonte grande, depois uma área lateral de informação e uma barra superior de informação. As informações são categorizadas e separadas dando ênfase a certas áreas, trabalhando assim a hierarquia.

Figura 57: site da Nike – parte acima da dobra

Fonte: Nike.com

Já a figura 58 é possível ver toda a *homepage* do site Nike.com, que é dividido em seções como: área de novidades, destaques da *Nike*, redes sociais, e demais informações úteis. Note que dentro de cada seção as informações são padronizadas, mantendo mesmo peso, sem hierarquia entre si.

Figura 58: site da Nike inteiro (*homepage*)

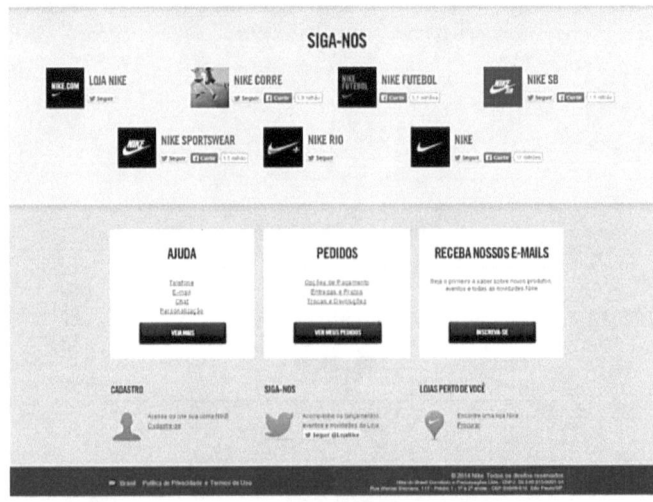

Fonte: Nike.com

O sistema de organização estrutura a informação por ordem hierárquica, trabalhando blocos de informação integrados, que dão sentido de unidade, ao mesmo tempo, que trabalha com foco e ênfase, em uma estrutura equilibrada, mantendo a relação entre os elementos.

A figura 59 apresenta um *folder* criado para a ACSP Serviços Eletrônicos por Marcos Carbonari Ibelli, onde é possível perceber a informação descrita no parágrafo anterior.

Figura 59: *folder* da ACSP Serviços Eletrônicos

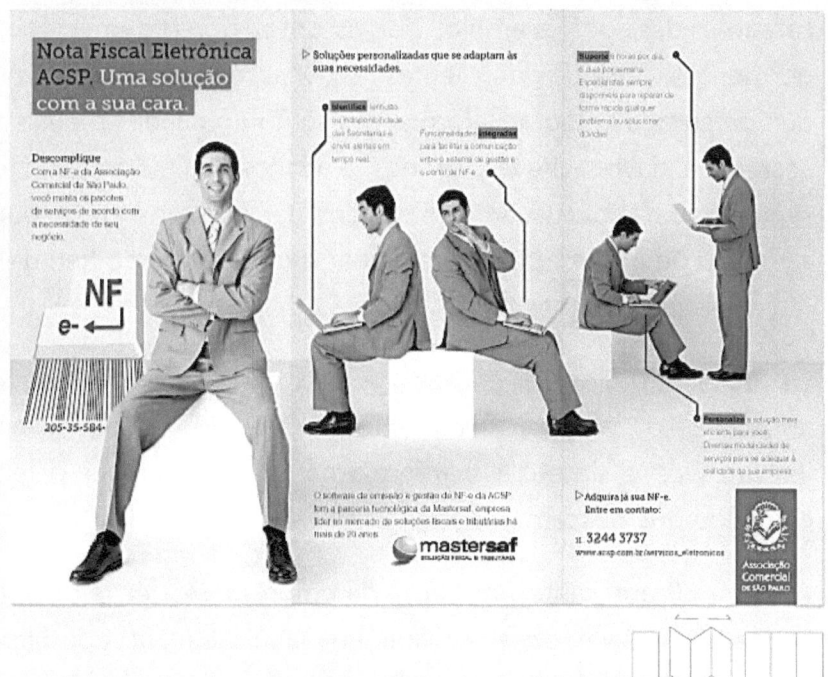

Fonte: Marcos Carbonari Ibelli [33].

As fontes são um bom recurso para determinar a ordem de leitura e relevância de uma área informacional. Podem variar em peso e tamanho. O ideal é não usar mais do que duas famílias de fontes diferentes em um bloco de informação. As fontes auxiliam na organização e facilitam a interpretação da informação.

Sistema de Rotulação

O sistema de rotulação é responsável por definir os signos: textuais (termos) ou visuais (ícones), que serão utilizados nas seções (blocos ou área de informação) e nos títulos da área de conteúdo. Com relação aos sites, também servem para definir os termos usados nos *menus* e *links* de navegação.

O sistema de organização determina como as informações serão categorizadas, por exemplo: por assunto, por ordem cronológica, por gênero, por tipos de clientes, etc. Mas, é o sistema de rotulação que determina como as informações serão nomeadas e quais signos usar. As palavras-chaves, termos e ícones definidos devem fazer sentindo para os usuários e determinar exatamente o que será acessado de informação. Deve ajudar o usuário a escolher, de forma rápida, as informações relevantes.

Os títulos e rótulos são eficazes, pois capturam a atenção do leitor e anunciam o propósito da informação. Por isso, devem ser informativos e sintetizar a informação, para direcionar o leitor ao conteúdo que buscam.

A figura 60 apresenta um *folder* da empresa Bestfer feito por Luiza Póvoa. É possível observar que Póvoa ela separa por blocos as informações sobre os produtos da Bestfer. Cada seção tem um rótulo grande e imagens (Chave, Ferramenta de Corte, Alicates, Equipamentos Elétricos, etc.) associadas aos rótulos que ajudam na assimilação mais rápida da informação ali descrita.

Figura 60: folder da Bestfer

Fonte: Luiza Póvoa [34].

É comum ver sistemas de rotulação fazendo uso de ícones e rótulos em websites. A figura 61, mostra o site da Nike fazendo uso rótulo e imagem como *links* em seu *menu* de navegação. A primeira camada de rótulos do *menu* é textual. Apenas a categoria "Esporte" faz uso de rótulos textuais e imagens, juntos, formando ícones.

Figura 61: rótulo e ícones – Site da Nike

Fonte: Nike.com

Os ícones devem ser significativos, claros e simples. O ideal é que não se utilize mais que vinte ícones, em tamanhos econômicos e acompanhados de rótulo textual para ajudar a compreender e assimilar, mais rapidamente, a imagem ou símbolo.

Sistema de Navegação

O sistema de navegação é responsável por "nortear" o usuário para que atinja seu objetivo na busca por informação. Em um site é possível dividir o sistema de navegação em três níveis (figura 62):

- Global: áreas com informais mais globais e comuns a todos os visitantes;

- Local: áreas com concentração de informações mais localizadas, normalmente por categorias bem determinadas e comuns a determinados assuntos ou usuários;

- Contextual: áreas com informações que tenham ligação com a informação textual daquela página específica, ou seja, assuntos correlacionados.

Já para uma ferramenta de informação em suporte analógico, como um *folder* impresso, por exemplo, os sistemas de organização e rotulação trabalham juntos para nortear o usuário nos blocos de informações, esses blocos devem ser distinguidos facilmente. A figura 63 apresenta um *folder* que apresenta primeiro uma parte da informação ao usuário de depois de aberto é possível ter contato com mais três blocos de informações organizados por grandes rótulos e blocos de conteúdo. Uma boa sacada da agência Dois Nove Meia que começa o folder em uma versão compacta (fechado) com a seguinte frase (rótulo de chamada): "Seus investimentos merecem viver apenas as altas do mercado". Ao abrir o *folder* ele fica "alto" e, três novas informações surgem, com os seguintes rótulos: "Delamôra Consultoria de Investimentos Imobiliários", "O que fazemos" e "Objetivo".

Figura 62: antigo site do banco Itaú

Fonte: adrenaline.uol.com.br (montagem feita pela autora)

Figura 63: *folder* da Delamôra

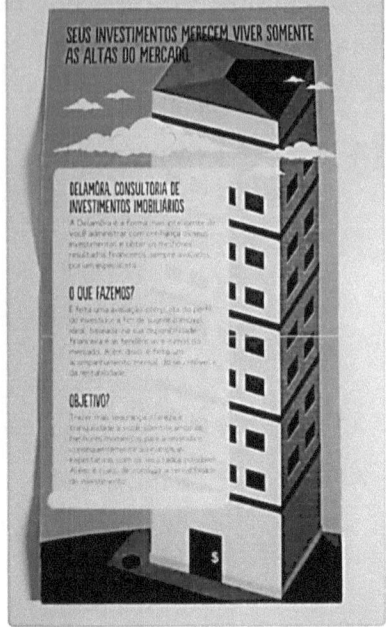

Fonte: Agência Dois Nove Meia [35].

Sistema de Busca

O sistema de busca é responsável por facilitar o encontro de informações. Nos websites o sistema de busca é determina quais palavras-chaves, termos podem ser usados para localizar áreas e páginas do site e como será projetada a página de resultados. Já em um folder o sistema de busca se mistura com o sistema de navegação. Na verdade, a busca por informação, em uma ferramenta de informação impressa, será auxiliada pelos sistemas de organização e rotulação. Através de estratégias como, "esconde e mostra" ou pelas partes que aparecem primeiro (capa, contracapa, área de conteúdo).

A figura 64 mostra o site *Lets* que apresenta um bom exemplo de sistema de busca. Ao digitar a palavra "blusa" o site indica em um *submenu* algumas opções através de uma imagem e de rótulo textual.

Figura 64: site *Lets - Homepage*

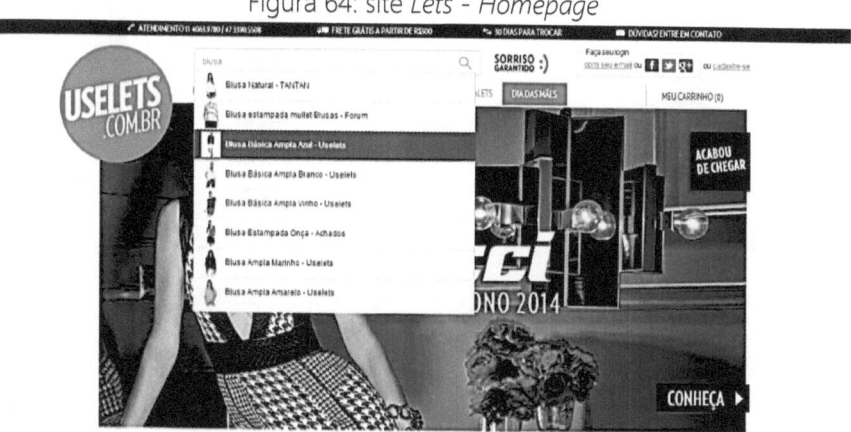

Fonte: Lets (www..uselets.com.br)

Ao recursar as dicas e clicar na lupa para procurar outras opções o site *Lets* apresenta uma página de resultados (figura 65) com a descrição "Sua pesquisa por "blusa" encontrou 4130 itens". O resultado apresenta os itens dos resultados, não de forma textual, mas sim, imagens que ilustram o produto.

Figura 65: site *Lets* – página de resultados

Fonte: Lets (www..uselets.com.br)

A figura 66 mostra um folder da empresa Intercuf feito pela Mobme, em 2012. O folder apresenta em sua capa apenas uma imagem de impacto, uma muda de planta, fazendo ligação a nova identidade visual da empresa, um reposicionamento de mercado. Dentro o *folder* apresenta seus produtos, sendo que os rótulos de cada bloco de informação são padronizados com tipografia e uma folha acima, apenas em cores diferentes, para separar as informações. Fazer uso de rótulos grandes como forma de separar blocos de informação ajuda na varredura que o usuário faz para encontrar o seu objetivo. Facilita a navegação e a busca por informações específicas.

Figura 66: *folder* da empresa Intercuf.

Fonte: Mobme (www.mobme.com.br/blog/?m=201206)

A figura 67 mostra um *folder* Eco Atlântico Digital do Instituto Atlântico. A capa do *folder*, visto primeiro pelo usuário, apresenta uma imagem e um rótulo "Simples ações podem fazer um mundo melhor", essa frase serve de gancho para a informação que virá na parte interna do *folder*. Dentro, o material se divide em dois lados. O primeiro lado (esquerdo) explica o projeto, que visa envolver parceiros públicos e privados com a finalidade de reutilizar equipamentos de informática e levar a população de baixa renda o acesso ao mundo digital e finaliza com a frase "É o Instituto Atlântico promovendo o desenvolvimento social, cultural e educacional, sustentado pela preservação ambiental". Note que uma grande ilustração ocupa o lado esquerdo e esse texto se encontra dentro de um círculo, chamando atenção e demarcado o bloco de informação. O lado direito apresenta três blocos distintos de informação ("Necessidades atendidas", "Pontos de coleta" e "Como funciona"), separados entre si por seus rótulos e pela "área de respiro".

Figura 67: *folder* Eco Atlântico Digital

Fonte: ArtesZAC (www.arteszac.com/grafica/folders/)

Agora que você compreendeu os conceitos sobre Usabilidade e Arquitetura de Informação, vamos à atividade!

Atividade 04

Tema: *Folder* «Evento Científico»

Objetivo:

Divulgar um evento científico, a através de um *folder*, atraente, com uma comunicação eficiente, que seja fácil de usar.

Como funciona:

Lembrando que os usuários tem objetivos diferentes ao fazer uso de um *folder*, por isso, o conteúdo deve ser construído levando em conta os diferentes usuários com diferentes objetivos.

Procedimentos:

Ler as informações que devem constar no *folder* e definir ordem de relevância (hierarquia).

Criar um folder atraente, que passe todas as informações necessárias sem cansar ou fazer com que o leitor perca o interesse.

Informações para o folder:

O Evento

Título: I Congresso Nacional de Educação Física Escolar

Tema: "Educação Física Escolar e Megaeventos: diálogos possíveis"

Data: 30 de abril a 02 de maio de 2014.

Local: Business Centro de Eventos (Rua Maria Guargarin, 109, Limeira, SP | Telefone: 19 3453-8412)

Atividade 04 - continuação

Inscrições antecipadas: até o dia 23/04/2014 ou no dia do evento (se houver vaga)

Vagas Limitadas: 300 vagas sendo 20% para estudantes de graduação

Valor: R$70,00 (profissionais) | R$50,00 (estudantes de graduação)

Palestrantes Confirmados

Prof. Dr. Cristiano Albuquerque (CAT – Ribeirão Preto);

Prof. Dr. Fernando Diantes (UnbIR);

Prof. Dr. Flávio Sanches (CCTER – São Paulo);

Prof.ª Dr.ª Suraya Cristina Portobello (ERTFD – Rio Claro)

Realização: Laboratório de Estudos e Trabalhos Pedagógicos em Educação Física.

Dica 01: Análise e Construção da Informação

Com base no conteúdo da Disciplina de Design de Informação: Comunicação Visual, Infográficos, Usabilidade e Arquitetura de Informação, seu grupo irá:

Definir como a informação será trabalhada (montada) no *folder*:

1. Priorizando e destacando as informações mais relevantes;

2. Trabalhando o fluxo de leitura das informações através de áreas destacadas e tipografia com pesos diferenciados.

2.1 O fluxo deve facilitar o encontro das informações;

2.2 As informações do *folder* devem ser fáceis de serem compreendidas. Por isso, cuidado com a organização da informação.

Atividade 04 - continuação

Dica 02: Desenhando a Informação

Lembre-se que as imagens, títulos (rótulos) chamam primeiro a atenção do leitor (1º nível). O *folder* deve ser configurado se forma a atrair a atenção do leitor. Deve convidá-lo a se interessar pelo conteúdo interno. Por isso, faça uso dos elementos da Comunicação Visual Estética.

E lembre-se que os leitores terão objetivos distintos:

1. Alguns nunca ouviram falar do evento e querem saber do que se trata;

2. Alguns conhecem e querem buscar informações específicas, como o horário de uma palestra;

3. Alguns conhecem toda a programação e querem saber como fazer a inscrição e o local onde irá ocorrer o evento, etc.

Projeto: Design de Interface

Um projeto de Design de Interface do Usuário é proposto para que todo o conhecimento adquirido possa ser aplicado.

Memorial Descritivo do Projeto

Como parte do aprendizado determinou-se um projeto, como aplicação prática. O tema definido é "**Ordem na Desordem**", pois como vimos, ao longo deste livro, a informação não é algo ordenado, objetivo, até que se projete.

Interface é a parte do artefato que permite o usuário interagir com o sistema, ou seja, é a parte de contato entre usuários e ferramenta. "Uma Interface não apenas define as estratégias para a realização da tarefa, como também, conduz, orienta, alerta, ajuda e oferece respostas ao usuário durante as interações" [38 apud 29].

Como papel interdisciplinar, o Design, focado nas necessidades do usuário, assume um essencial papel no contexto de organização e estruturação informacional. Pois, agrega em si, conhecimentos necessários à estruturação funcional e à fundamentação de linguagem e comunicação visual [39].

O objetivo do projeto é criar a interface do usuário para um sistema de caixa eletrônico de um banco, a sua escolha, tornando as tarefas mais fáceis de executar e de compreender. Será necessário desenvolver: tela inicial, *menus* principais e sequencia de telas para a simulação de uma tarefa específica (saque, verificação de extrato, transferência, depósito, etc.), definida pelo seu grupo.

As etapas de desenvolvimento

O projeto experimental deverá ser desenvolvido seguindo as etapas de concepção de projeto: fase 01 – pesquisa e coleta de dados; fase 02 – criação; fase03 - desenvolvimento, conforme descrito abaixo:

Definição do cliente (banco)

Defina o caixa eletrônico de qual banco que será redesenhado.

Coleta e Análise de dados

Através de um *check-list* (apêndice A) é feita uma análise de pelo menos dois bancos concorrentes: aquele que será redesenhado e mais um concorrente dele. A avaliação serve como análise da interação com as telas dos caixas eletrônicos.

Análise das influências

Uma etapa muito importante da fase 01 (pesquisa e coleta de dados) é a análise das influências. Através da análise das influências, você define interfaces (ou parte delas) que possam servir de influência para o projeto que você irá criar. Lógico, que você não irá copiar (plagiar), mas sim, trazer elementos interessantes dessa outra interface, criando seus próprios elementos com base em vários outros. As influências podem estar ligadas a comunicação visual do banco para o qual você irá criar uma interface do usuário (caixa eletrônico), bem como, de seus concorrentes ou ainda websites que não fazem parte desse segmento, mas que trazem elementos interessantes que podem servir para o seu projeto.

Geração de Requisitos e Restrições

A etapa de geração de requisitos e restrições, última etapa da fase de pesquisa e coleta de dados, é importante para nortear a fase de criação (esboços de ideias e estratégias). As restrições também norteiam o projeto porque permitem saber quais são os empecilhos e limitações, facilitando saber até onde é possível chegar.

Requisitos do projeto

São informações fundamentais que devem ser aplicadas no projeto final, ou seja, características, atributos, qualidades, atrativos, capacidades de um produto ou serviço. Pode ser a realização das necessidades e desejos dos usuários, bem como, a solução para problemas dos produtos concorrentes e/ou características desses produtos transformados em requisitos para o seu produto. Não utilize palavras soltas que não dizem nada, como: "veloz, rápido, amigável, fácil, suportar, minimizar, maximizar, suficiente, adequado, estado da arte". Utilize frases curtas, porém inteiras como "carregamento rápido"; "poucas telas"; "imagens em tons de cinza em todas as telas", etc.

Restrições do projeto

São todas as limitações e empecilhos que possam existir no desenvolvimento do projeto/produto. As limitações do projeto podem estar associadas ao tempo, ao desempenho, limitações da própria interface, aos custos do projeto/produto, ao material, entre outros. Utilize frases curtas e inteiras como "dimensões da tela não permitem trabalhar mais elementos"; "a tela não é *touch*"; etc.

Desenvolvimento das alternativas – Esboço de Ideias

Antes de ir para o computador para criar a interface no programa de preferência. É importante que se crie esboços (no papel) para discutir padrões e estratégias. Esboço pode ser feito em conjunto. No momento em que se realiza já é possível discutir com o grupo a sua ideia, assim, cada um apresenta, visualmente, suas propostas.

Escolha da Alternativa

Quando uma proposta for aceitar por todo o grupo e contemplar informações dos requisitos do projeto, então, é possível partir para o protótipo de baixa fidelidade (esqueleto) ou *Wireframe*, para definir fluxo, destaque, segregação das informações, hierarquias e fazer uma análise da tarefa. Após aprovação do grupo é desenvolvido o protótipo de alta fidelidade (boneco) com cores, tipografias, imagens, etc.

Análise da tarefa – Fluxograma de Tarefa

Determina como será executada a tarefa e seu fluxo de interação.

Fluxo de Interação

Serve para determinar como será realizada a tarefa, determinando o número de interações necessárias e quantidade de telas (páginas).

Exemplo: Fluxograma de interações para criação de um cadastro em um site.

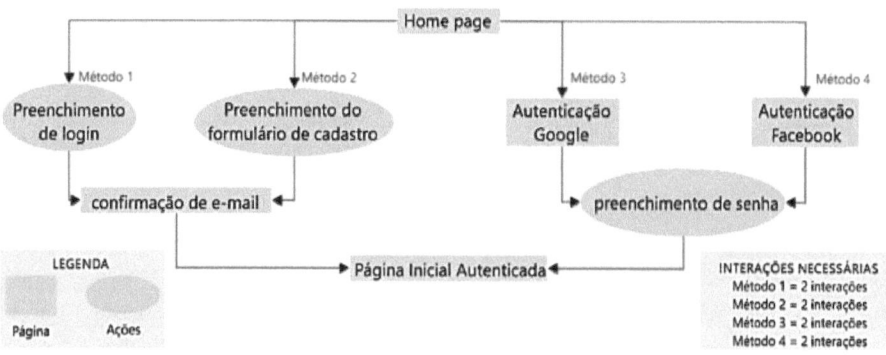

Fonte: próprio autor.

Protótipo de baixa fidelidade – Wireframe

Deve apresentar a estrutura e o conteúdo da interface. Serve para analisar a Usabilidade e a Arquitetura de Informação do sistema/interface, com base no contexto de uso, experiência do usuário e objetivo.

Protótipo de alta fidelidade

Versão final do produto, com a possibilidade de simulação das tarefas propostas.

Referência Bibliográfica

1. BAER, Kim. **Information Design Workbook:** graphic approaches, solutions, and inspirations + 30 case studies. Massachusetts: Rockport Publishers, 2008, 240p.

2. LARUCCIA, Mauro M. **Notas sobre linguagem, Comunicação e Educação**. In: Revistas Eletrônicas da PUC-SP, Ano VII, nº 15, 2004, pp. 84-106.

3. PIGNATARI, Décio. **Informação, Linguagem, Comunicação**. São Paulo: Ateilê, 2008, 162 p.

4. CARDOSO, Rafael. **Design para um mundo complexo**. São Paulo: Cosac Naify, 2013, 264 p.

5. MUNDOTEXTO. **Piadas Linguísticas**. Mundo Texto, 2013. Link: https://mundotexto.wordpress.com/category/piadas-linguisticas/

6. ANOSAESCOLA. **O texto publicitário de um tradicional medicamento para gripe, afirma através da expressão "não vai mais tirar casquinha..."**. Centro de Competência CRIE da Beira Interior, 2013. Link: http://www.anossaescola.com/cr/testes/analisboa/tirarcasquinha.htm

7. RAMALHO, André. **30 exemplos de publicidade criativa**. Criatividade Visual, 2012. Link: http://www.criatividadevisual.com/30-exemplos-de-publicidade-criativa/

8. FERNANDES, Fabiane R. **O uso de dois websites de compra online por usuários acima de 50 anos (olders users)**: estudo de caso. Master's Thesis. Munich: Grin, 2013, 148p.

9. LOBACH, Bernd. **Design Industrial:** bases para configuração dos

produtos industriais. São Paulo: Blucher, 2001, 208 p.

10. FERNANDES, Fabiane R. **A importância da Ergonomia no processo de Design**. [Palestra] São Luís: UFMA. 09 maio, 2013, p. 1-9.

11. SBDI. Sociedade Brasileira de Design de Informação, 2006. Link: http://www.sbdi.org.br/

12. TORNADO. **Tornado High Definition Wallpaper**. GeeWall, 2014. Link: http://geewall.com/wallpaper/1767-tornado-high-definition-wallpapers

13. MUNARI, Bruno. **Design e Comunicação Visual**: contribuição para uma metodologia didática. Daniel Santana (Tradutor). São Paulo: Martins Fontes, 2006, 357 p.

14. MELO, Lúcia M. O. de. **Folder Mais Educação**. Planeta Serafim, 2011. Link: http://planetaserafim.blogspot.com.br/2011/06/folder-mais-educacao.html

15. BIANCA. **Campanha de Amamentação 2012 – Ministério da Saúde**. Posso Amamentar, 2012. Link: http://www.possoamamentar.com.br/blog/campanha-de-amamentacao-2012-ministerio-da-saude/attachment/folder_12x36x24/

16. STUDIO, Veronezi; STEIN, Kelly. **Infográfico do café #5**: Tipos de Café. Mexido de Ideias, 2012. Link: http://www.mexidodeideias.com.br/index.php/infograficos/infografico-do-cafe-5-tipos-de-cafe/

17. RODRIGUES, Adriano. **Afinal é gripe ou resfriado?** Capela da Ciência, 2013. Reportagem da Revista Galisteu (fonte: Luna D'Alama. Link: http://capeladaciencia.blogspot.com.br/2013/08/afinal-e-gripe-ou-resfriado.html

18. NOTEXT. **Como abrir uma conta investimento**. 2014. Link: http://notext.com.br/infograficos/como-abrir-uma-conta-de-investimentos/

19. VEIGA, Marcos. **Biodiversidade em números.** Infográficos. Especiais IG, 2012. Link: http://especiais.ig.com.br/infograficos/biodiversidade-em-numeros/

20. SUPERINTERESSANTE. **Show do Milhão.** Cotidiano. Revista Superinteressante, Jul 2009. Link: http://super.abril.com.br/cotidiano/show-milhao-620292.shtml

21. STUDIO, Veronezi; STEIN, Kelly. **Infográfico do café #3:** Bebidas com cafeína. Mexido de Ideias, 2012. Link: http://www.mexidodeideias.com.br/index.php/infograficos/infografico-do-cafe-3-bebidas-com-cafeina/

22. KANNO, Mário. **Infografe:** Como e porque usar infográficos para criar visualizações e comunicar de forma imediata e eficiente. Edição eletrônica. São Paulo: Infolide.com, 2013, 153 p.

23. O GLOBO. **Bondinho | O Globo.** Destaques e Novidades. Os vencedores da Amostra Nacional de Infografia. Visual Loop, 2013. Link: http://visualoop.com/br/11203/os-vencedores-da-mostra-nacional-de-infografia

24. ANDRADE, Cecília. **Como cuidar corretamente dos dentes**. Ciência & Saúde. O Povo. Fortaleza: opovo.com.br, 03 de agosto de 2008, p. 5.

25. STUDIO, Veronezi; STEIN, Kelly. **Infográfico do café #2:** Da fazenda a sua xícara. Mexido de Ideias, 2012. Link: http://www.mexidodeideias.com.br/index.php/infograficos/infografico-do-cafe-2-da-fazenda-a-sua-xicara/

26. VEIGA, Marcos; FERREIRA, Pedro. **O cérebro vitorioso**. Infográficos. Especiais IG, 2012. Link: http://especiais.ig.com.br/infograficos/o-cerebro-vitorioso/

27. MOTOMURA, Mariana; LEIBOHOLZ, Lucas. **Como funciona a redação de um telejornal**. Revista Mundo Estranho, Julho de 2008, pp. 54-55.

28. CARVALHO, Juliana; ARAGÃO, Isabella. **Infografia**: Conceito e Prática. InfoDesign, São Paulo, v. 9, n. 3, 2012, pp. 160 – 177.

29. FERNANDES, Fabiane R. **O uso de dois websites de compra online por usuários acima de 50 anos (olders users):** estudo de caso. Master's Thesis. Munich: Grin, 2013, 148p.

30. FERNANDES, Fabiane R. **Como avaliar websites**: avaliação de inspeção e avaliação empírica. Munich: Grin, 2013, 70p.

31. FERNANDES, Fabiane R.; BOMFIM, Gabriel H. C.; LANUTTI, Jamille N. de L.; SILVA, João C. R. P.; CAMPOS, Lívia F. A.; PASCHOARELLI, Luis C.; OKIMOTO, Maria Lúcia R. L. **Avaliação da usabilidade de um produto -** Ralador de Queijo. In: P&D Design 2012, 2012, São Luís. Anais do X Congresso Brasileiro de Pesquisa e Desenvolvimento em Design. São Luís: EDUFMA, 2012, p. 1-10.

32. FERNANDES, Fabiane R.; PASCHOARELLI, Luis C. **Avaliação de Critérios Ergonômicos para Websites Acessados por Idosos**. In: P&D Design 2012, 2012, São Luís. Anais do X Congresso Brasileiro de Pesquisa e Desenvolvimento em Design. São Luís: EDUFMA, 2012, p. 1-10.

33. IBELLI, Marcos Carbonari. **ACSP_Servicos Eletronicos**. MCarbonari. Coroflot, 2011. Link: http://www.coroflot.com/mcarbonari/ACSP-Servicos-Eletronicos

34. POVOA, Luiza. **Folder**. Papelaria. Luiza Póvoa, 2010. Link:

http://luizapovoa.wordpress.com/page/2/

35. DOISNOVEMEIA. **Folder Delamôra**. Portfólio. Agência Dois Nove Meia, 2014. Link: http://doisnovemeia.com.br/principal.php#portfolio

36. TULLIS, Tom; ALBERT, Bill. **Measuring the User Experience**: Collecting, Analyzing and Presenting Usability Metrics. São Francisco: Morgan Kaufmann, 1ª Ed., 2008, 336 p.

37. FERNANDES, Fabiane R.; PASCHOARELLI, Luis C. **A importância da satisfação do usuário na interação com websites**. In: Interaction|South America '12, 2012, São Paulo. Anais do 4o Congresso Sul Americano de Design de Interação. São Paulo: BLUCHER, 2012, v.1, p. 148-155.

38. CYBIS, Walter. **Engenharia de usabilidade**: uma abordagem ergonômica. Florianópolis: Labiutil, 2003.

39. PASSOS, Ravi; MOURA, Mônica. **Design da Informação na Hipermídia.** In: InfoDesign - Revista Brasileira de Design da Informação, 4 – 2, 2007, 20-28.

40. LEITE, Will. **Quadrinhos sobre Namorados.** Will Tirando, 2014. Link: http://willtirando.com.br/?b=namorados&Pagina=2

41. SANTOS, Cibele. **Usando a linguagem dele.** Quadrinhos. Portifólio. Cibele Santos, 2014. Link: http://www.cibelesantos.com.br/quadrinhos.htm

42. CULTURAMIX. **Mensagens engraçadas para celulares.** Cultura Mix, 2012. Link: http://mensagens.culturamix.com/blog/wp-content/gallery/mensagens-engracadas-para-celular/mensagens-engracadas-para-celular-1.jpg

43. SARDINHA, Claúdia. **Enviando mensagem de celular também pela**

internet. Tecnologia Outonal, 2009. Link:
http://www.tecnologiaoutonal.com.br/wp-content/uploads/sms.jpg

44. ABREU, Misael. **Quadrinhos na sala de aula.** A estranha potência das palavras, 2012. Link: http://1.bp.blogspot.com/-V0BMQAgLVos/T-0WT33MxwI/AAAAAAAAAkI/O9TX76e_5p0/s1600/historia+em+quadrin hos+toda+mafalda+tirinha+manolito+e+susanita+episodio+do+caram elo.jpg

45. PORTAL EDUCAÇÃO. **Marketing**. Portal Educação. Google Plus, 2014. Link:
https://plus.google.com/u/0/photos/+portaleduca%C3%A7%C3%A3o/al bums/5995082692705200145/5995082693844206946?pid=5995082693 844206946&oid=%2Bportaleduca%C3%A7%C3%A3o

46. STC. **Definitions.** Society for Technical Communication. STC ID-IA SIG. Link: http://www.stcsig.org/id/id_definitions.htm

Apêndice A

Check-list para Análise dos Similares

Autora: Fabiane Rodrigues Fernandes

Caixa eletrônico de um banco

Como parte do aprendizado da Disciplina de Núcleo V (Design de Informação) vocês irão desenvolver uma interface do usuário para um caixa eletrônico de um banco, a sua escolha, cujo objetivo é criar uma interface mais atrativa, que garanta uma qualidade de uso (usabilidade) e proporcione uma boa experiência de uso. Para isso, é necessário conhecer as necessidades dos usuários e conhecer as interfaces já existentes (análise dos concorrentes e/ou similares).

Análise de similares

Analisar os concorrentes e/ou similares ajuda a conhecer como a interface funciona, como atende o usuário e quais são seus pontos fortes e pontos fracos. Com essas informações, o designer pode nortear seu projeto, criando algo inovador que possa ser mais útil e mais eficiente do que o já existente no mercado. Responda o questionário com base em sua experiência de uso de um caixa eletrônico. Leia as afirmativas e marque a opção de acordo com o seu grau de discordância ou concordância.

Caixa eletrônico: qual
banco?_____

PARTE 01 – Analisando os aspectos e a interação

1| A experiência de uso atinge minhas expectativas:

☐ discordo fortemente   ☐ discordo   ☐ neutro   ☐ concordo   ☐ concordo fortemente

2| A interface é muito intuitiva (sei exatamente quais são as possibilidades de interação e como fazer):

☐ discordo fortemente   ☐ discordo   ☐ neutro   ☐ concordo   ☐ concordo fortemente

3| Consigo interagir com a interface com:

☐ discordo fortemente   ☐ discordo   ☐ neutro   ☐ concordo   ☐ concordo fortemente

4| As seções são organizadas:

☐ discordo fortemente   ☐ discordo   ☐ neutro   ☐ concordo   ☐ concordo fortemente

5| Deveria existir outras ou mais seções:

☐ discordo fortemente   ☐ discordo   ☐ neutro   ☐ concordo   ☐ concordo fortemente

6| Blocos de informações extensos estão subdivididos em sessões mais curtas):

☐ discordo fortemente   ☐ discordo   ☐ neutro   ☐ concordo   ☐ concordo fortemente

7| Os rótulos títulos de cada item e seção são bem definidos (objetivos):

☐ discordo fortemente   ☐ discordo   ☐ neutro   ☐ concordo   ☐ concordo fortemente

8| Existe "área de respiro" (espaços em branco) para separação de áreas e botões:

☐ discordo fortemente   ☐ discordo   ☐ neutro   ☐ concordo   ☐ concordo fortemente

9| É fácil distinguir o que é botão (área clicável) do que não é botão:

☐ discordo fortemente   ☐ discordo   ☐ neutro   ☐ concordo   ☐ concordo fortemente

10| Existe equivalente textual para elementos não textuais:

☐ discordo fortemente   ☐ discordo   ☐ neutro   ☐ concordo   ☐ concordo fortemente

11| O texto para as tarefas está escrito em voz ativa (exemplo: "Imprimir" ao invés de "seja impresso"):

☐ discordo fortemente   ☐ discordo   ☐ neutro   ☐ concordo   ☐ concordo fortemente

12| Os textos são escritos em linguagem simples, clara, familiar:

☐ discordo fortemente   ☐ discordo   ☐ neutro   ☐ concordo   ☐ concordo fortemente

13| Os botões possuem uma área sensível ao toque suficientemente grande:

☐ discordo fortemente   ☐ discordo   ☐ neutro   ☐ concordo   ☐ concordo fortemente

14| A experiência de uso atinge minhas expectativas:

☐ discordo fortemente   ☐ discordo   ☐ neutro   ☐ concordo   ☐ concordo fortemente

15| Existe um contraste favorável entre cores do texto e fundo:

☐ discordo fortemente   ☐ discordo   ☐ neutro   ☐ concordo   ☐ concordo fortemente

16| Em texto com mais de duas linhas são aplicadas fontes sem serifa:

☐ discordo fortemente   ☐ discordo   ☐ neutro   ☐ concordo   ☐ concordo fortemente

17| Os textos são escritos em letras maiúsculas e minúsculas. São escritos apenas em maiúsculas e/ou itálico quando usados em rótulos (títulos):

☐ discordo fortemente   ☐ discordo   ☐ neutro   ☐ concordo   ☐ concordo fortemente

18| As telas possuem recurso para cancelar, voltar. Permite o usuário escolher quais ações tomar (prosseguir ou não prosseguir):

☐ discordo fortemente   ☐ discordo   ☐ neutro   ☐ concordo   ☐ concordo fortemente

19| O usuário está livre de informações irrelevantes, repetitivas ou impertinentes:

☐ discordo fortemente   ☐ discordo   ☐ neutro   ☐ concordo   ☐ concordo fortemente

20| As telas são consistentes, ou seja, informações (mensagens, ícones, rótulos, etc.) e objetos de interação (campo de edição, botões de comando, etc.) se apresentam padronizados em todas as telas:

☐ discordo fortemente   ☐ discordo   ☐ neutro   ☐ concordo   ☐ concordo fortemente

21| Cores, imagens e tipografias são trabalhadas de forma harmônica, permitindo a melhor compreensão da interface por parte do usuário:

☐ discordo fortemente   ☐ discordo   ☐ neutro   ☐ concordo   ☐ concordo fortemente

PARTE 02 – Determinando prós e contras

Agora defina:

Pontos Fortes (qualidades da interface analisada)

_____

_____

_____

_____

_____

_____

_____

_____

_____

Pontos Fracos (defeitos/problemas da interface analisada)

_____

_____

_____

_____

_____

_____

_____

_____

_____

_____

_____

www.ingramcontent.com/pod-product-compliance
Lightning Source LLC
Chambersburg PA
CBHW050457290526
45786CB00006B/2324